博雅对外汉语精品教材

短期强化教材系列

翟 艳 主编
魏耕耘 卢岚岚 编著

发现
交际汉语入门 上

Discovery
Elementary Communicative Chinese
I

北京大学出版社

图书在版编目（CIP）数据

发现：交际汉语入门.上/翟艳主编；魏耕耘，卢岚岚编著.—北京：北京大学出版社，2014.9
（博雅对外汉语精品教材）

ISBN 978-7-301-24489-0

Ⅰ.①发… Ⅱ.①翟… ②魏… ③卢… Ⅲ.①汉语—口语—对外汉语教学—教材 Ⅳ.① H195.4

中国版本图书馆CIP数据核字（2014）第152977号

书　　　名：	发现：交际汉语入门（上）
著作责任者：	翟　艳　主编　魏耕耘　卢岚岚　编著
责任编辑：	沈　岚
标准书号：	ISBN 978-7-301-24489-0/H·3549
出版发行：	北京大学出版社
地　　　址：	北京市海淀区成府路205号　100871
网　　　址：	http://www.pup.cn　新浪官方微博：@北京大学出版社
电　　　话：	邮购部 62752015　发行部 62750672　编辑部 62767349　出版部 62754962
电子信箱：	zpup@pup.cn
印　刷　者：	北京大学印刷厂
经　销　者：	新华书店
	889毫米×1194毫米　16开本　15.5印张　330千字
	2014年9月第1版　2014年9月第1次印刷
定　　　价：	78.00元（含1张MP3光盘）

未经许可，不得以任何方式复制或抄袭本书之部分或全部内容。
版权所有，侵权必究
举报电话：010-62752024　电子信箱：fd@pup.pku.edu.cn

序

据中山大学"全球汉语教材库"披露，在库汉语教材已达8380册（5483种），可谓洋洋大观，琳琅满目。尽管如此，教材依然不断创新，新教材也不断涌现。翟艳老师主编的汉语教材"发现—跨越"系列，就以其独特的视角，全新的编排，有趣的内容，再为汉语学习者提供一部可供选择的学习工具。

"发现—跨越"系列是供初学汉语的学习者使用的教材，目的在于提升学习者实际运用汉语的综合能力。教材取名为《发现》，自有作者的寓意在其中。从作者的角度，在长期的对外国人汉语教学中，在使用各种汉语教材之余，发现教材还有进一步提升的余地，一部教材要让教者得心应手，要让学习者乐之、好之；从学习者的角度，使用这部教材会发现学起来有意思，可以在一种轻松有趣的气氛中，发现学习汉语的乐趣，从而随着教材的引导，在课堂活动中，自然而然地学会汉语、学好汉语。

"发现—跨越"系列一是遵循内容驱动原则，教材的故事好，吸引人；二是在精心设计的教学活动中学习汉语，在"玩儿"中学习，不枯燥乏味；三是严守第二语言习得规律，循循善诱，层层诱导，引导学习者渐入佳境。此三者，乃"发现—跨越"系列之突出特点。

其一，一般说来，学习者是通过浸润着异文化内涵的语言结构，学会新的语言。那么，一部教材，拿什么吸引学习者，引起学习者的好奇与兴味，自然靠的是言语内容。在教学中，我们都会注意这样一种情况，就是外国汉语学习者，在学习汉语过程中，在成功的课堂上，最吸引学习者、最令他们感兴趣的，往往不是语言结构本身，而是语言所承载的话语题材，语言所承载的故事，也就是文化，以此为契机，激发了对语言结构的学习。这样看来，学习一种语言就是掌握一种文化。在美国有一部教材叫《中文听说读写》（姚道中、刘月华等编），很受学习者欢迎，原因就在于教材取材自美国学生熟悉的日常生活内容，是他们经历过、体验过的事情，是他们愿意知道、希望了解的事情。"发现—跨越"系列以"行走中华"为线索，学习者透过旅人的目光，观察并体味中国社会的真实生活，掌握基本语言结构，学习基本生存语言；通过旅人的脚步，实地亲身体验中国的社会文化，在跟自身文化对比中，感受多元文化的魅力。生活的丰富多彩，语言的新奇有趣，文化的切身感受，浑为一体，互相融合，贯穿在语言学习和文化体验过程中。

其二，"发现—跨越"系列秉承一种理念，把一个个象似真实世界的任务作为语言学习的途径，通过平等、协商、互动的教学方式，让学习者在实际交际中表达思想，接触新的语言形式，从而发展自己的语言能力。

在教材中，展现真实世界的最优先的办法，就是利用各种条件设计多种多样的教学活动，让学习者设身处地，亲历其境，与他人进行语言交际。沟通与交际的需要，给予语言学习极大的动力。在活动中，学会语言，体验文化，是很自然的事。但是，组织与教学内容相关的教学活动，却是一件不容易、煞费苦心的事。一般来说，教师善于讲述，也精于操练，但是如何将学习者组织起来，使其参与进来，彼此关照，进行语言表达，却颇费周章。如果一部教材，完全以语言教学活动贯穿，让一个活动接着一个活动展开，就更加难能可贵。纵观全书，教学活动林林总总，小组活动，同伴切磋，情景对话，边看边学，猜一猜，想一想，丰富多彩，犹如行进在阴山道中，令人眼花缭乱，尽享教学活动之美。

"发现—跨越"系列按照衣、食、住、行、购、娱六大元素精选了典型的交际场景，设计了大量的语言教学活动，将语言学习坐实在一个个任务活动中，通过参与活动，体验语言，学会语言，实现语言沟通。从而使学习者逐步从"发现"而"了解"，最终走向"跨越"。

其三，教材的编排，独具特色，打破传统教材生词、语法、课文、练习的套路。采用功能主义的路子，按照任务型教学理念设计和编排教学内容，但又不拘泥，在操作步骤上精心安排，匠心独具。教材的七个环节，环环相扣，顺势衔接，尽显教材的引领和主导作用。"语言热身"旨在激活学生的语言，用图画的形式在一些精心安排的活动中，让学习者接触一些相关话题的词语和真实语境。准备活动做完后，学习者将要"身在其中"了。这时在预先设置的真实的语境中，以听范例的形式，引导学生注意具体交际场合中的语言表达，以降低学生在完成任务过程中的认知负担。在这个过程中，学习者很自然地"发现语言现象"，于是教材提供足够的例句，鼓励学生探索语言现象背后的规则。接着就是"记忆、巩固和提升"，这是发现语言现象后的延续性活动，是以语言的准确性为目标的，也被称为"结构集中型"活动。至此，一切就绪，只欠在真实环境中的运用了。

"用汉语完成任务"以小组或结对形式按步骤完成语言任务，完成的结果需有汇报，以互动协商的形式展现。其中尤其注重个人独白式的语篇表达，专设的"表达框架"，为学习者做了事先的铺垫。最后的"用语言做事"要求课下完成，要求有二，一是语言准备活动，学生可以利用课下的机会整理知识，回忆所学，温故而知新；二是实际融入社会，进行社会扩展活动，用汉语完成一件具体的事情。

"发现—跨越"系列是一套图文并茂的教材，从大量的图片入手，让学习者积极主动地去寻求与图像相关的语言表达，激发学习者的学习兴趣。图片置于上下文语境之中，借图说话，用图发挥，由图引导，学习者见图识义，引起思考，有助于理解社会文化，更有助于掌握语言结构。图画犹如体验，这是一部体验汉语魅力的教材，体验汉语愉悦学习的教材，体验学习汉语收获成功的教材。

我曾和翟艳老师一起议论过教材的编写思路与编写框架，今天教材已编就，披阅之余，深感编者所付出的艰苦努力，甘苦自知。不知多少个日夜，朝思暮想，才能编好这部教材。有时为设计一个教学活动，绞尽脑汁，为设置一个活动场景，废寝忘食。为寻找一张合适的图片，不知翻阅了多少资料。终于，教材问世。我特此推荐给国际汉语教师使用，希望在使用过程中发现其不足，以便在日后的修订中不断完善。

赵金铭

2014年6月12日

前　言

一、编写理念

课堂作为成人获得第二语言的主要场所，理应在语言教学中发挥重要作用。而教材是开展课堂教学不可或缺的材料。

近二十年来，现代语言教育受到语言习得、认知心理学及教育学三大领域科学研究的极大影响。上世纪90年代，任务型教学成为国外英语教学界的主流教学方式，21世纪初在我国汉语教学界得到响应。任务型教学强调有意义的交流，它把一个个象似真实世界的任务作为语言学习的途径，通过平等、协商、互动的教学方式，让学习者在实际交际中表达思想，接触新的语言形式，从而发展自己的语言能力。运用任务型教学的理念开展汉语教学，能为学习者提供最适于语言理解和运用的环境，激发学习者的学习动机，有利于语言学习和文化理解。

本系列教材将"行走中华"作为学习者的学习方式与学习目标，以任务型教学的理念和操作原则来设计和安排教材内容。学习者可透过旅人的目光，看中国的真实生活，学习基本生存语言；通过旅人的脚步，实地体验中国的社会文化，抒发个人情感。个人的旅行经历、丰富多彩的生活、中国社会的面貌、悠久灿烂的文化相互融合，贯穿在整个语言学习和文化体验过程中。教材按照衣、食、住、行、购、娱六大元素精选了典型交际场景，将语言学习落实在一个个任务活动中，通过学习，学习者可逐步从"发现"走向"跨越"。

二、教材使用

《发现》上下册为初级汉语课本，主要是为零起点的汉语学习者设计的。上册包括语音部分为15课，下册10课，共计25课。

每课的学习时间建议为4到6课时，完成上下册的教学需要100到150课时。

全书熟记生词500余个，拓展性词语500余个，共计1000多常用词语。重要语法项目49项。

《跨越》上下册为准中级汉语课本，主要是为准中级水平的汉语学习者设计的。上下册各10课，共计20课。

每课的学习时间建议为4到6课时，完成上下册的教学需要80到120课时。

全书熟记生词600余个，拓展性词语200余个，共计800多常用词语。重要语法项目78项。

三、教材体例

（一）语音部分

语音部分主要介绍了汉语声、韵、调、音节以及轻声、儿化、变调等基础语音知识，相应的声、韵、调、音节及组合练习。学生通过辨音和发音来掌握基本发音能力，在语音和意义之间建立初步的联系。

语音学习特别是声调的学习是一项长期而艰苦的工作，感知和分辨语音离不开对语音知识的理解和自觉实践。在训练过程中，教材提供了一些意识觉醒类的任务，启发学生主动认知。如"数一数，汉语拼音中一共有多少个声母？"操练时除了聆听模仿，也可与同伴开展互助合作。如"我说，你写"这样的练习："两人一组，一个学生随意念出练习中的一个音，另一个学生圈出所听到的音"。学生之间的合作学习有助于提升学生的主体意识和学习效率。

除了模仿发音、听辨练习外，对声调特征的记忆也较为重要，即记住"字音"，这种做法能保持声调的准确性，减少进入语流后的洋腔洋调。语音部分还安排了一些语块的朗读和会话。语块指那些出现频率高，可作为整体储存、提取和产出的较大单位的信息块，如"好累呀""真漂亮""没说的"。从认知心理学的角度，样本学习与规则学习一样，都是学习者获得语言能力的一种方式。语音阶段不涉及语法教学。

（二）正文部分

包括以下内容：

1. 语言热身

旨在激活学生的语言。让学生说出一些与任务话题相关的词语或短句。重要的词语则用图画的形式给出，学生需熟记。也设计几个简单的任务活动，如图片与语句的匹配、小对话等。

2. 身在其中

让学生听几个范例，引导学生注意具体交际场合中的语言表达，填出空缺的信息，模仿说话人的语音语调，完成对输入材料的理解。这样可以为下面的任务活动提供真实的语境，也降低学生在完成任务过程中的认知负担。

3. 发现语言现象

提供足够的例句，鼓励学生探索语言现象背后的规则。如学生相互交流讨论，分析语言的形式特征和运用规律，在多样化的语言材料中辨别这些现象，具备语言对比与分析意识，并完成几个检验性的练习。

4. 记忆、巩固和提升

是发现语言现象后的延续性活动。学生可以通过替换、问答等活动加强语言形式的精准表达，这种活动是以语言的准确性为目标的，也被称为"结构集中型"活动。

5. 用汉语完成任务

学生以小组或结对形式按步骤完成语言任务。形式包括调查、小组讨论、角色扮演等。任务型活动的大部分都需汇报，因此，在"小组调查"中我们特别设计了一个表达框架，学生可以利用这个"支架"来完成语篇表达。

6. 用语言做事

这部分内容要求课下完成，主要分为两类：第一是语言准备活动，学生可以利用课下的机会整理知识，温习重要的规则；第二是融入社会，用汉语完成实际任务，如"用一张10块钱的钞票买一听可乐，至少要跟售货员说三句话并录音或录像"等。

7. 词语库

提供必要的语言储备，建立学习者个人的词汇库。

8. 生活剪影

社会生活的真实影像，提供学生可能感兴趣的中国人生活片段和文化知识，也可以让学生抓拍类似的景象。教学中可以师生共同欣赏。

四、其他说明

"发现—跨越"系列属于应用型汉语教材。它把教学对象定位于初识汉语的使用者，致力于培养学习者的汉语实际运用能力。基于这个考虑，我们在语言要素的选择上注意简洁实用，典型能产，不强调系统全面，但在编写时，依然参考了《汉语水平等级标准与语法等级大纲》对字、词和句的规定，参考了《国际汉语教学通用课程大纲》对听、说、读、写专项技能目标及话题、任务活动、文化题材和文化任务的说明。教材的各板块基本按照教学过程展开，在操作上易于教师理解和运用。

对大部分学生而言，"内容的吸引力"是能否坚持学下去的一个重要因素。本教材将"读万卷书、行万里路"的信条贯穿在教材编写中，以实景实情激发学习者的学习兴趣。所提供的大量照片不仅能辅助学习，还能给学习过程带来愉悦。

这套书获得"北京市教育委员会共建项目专项资助"，在此表示衷心感谢！最后，感谢您对这套教材的关注！由于水平和能力有限，不当之处请不吝赐教。

翟 艳

2014年3月

Preface

I. Compiling Concepts

Classroom, as the main place where adults acquire the second language, which plays a pivotal role in language teaching, however, textbooks are an integral component in classroom instruction.

Modern language education has been profoundly influenced by three domains, namely language acquisition, cognitive psychology and pedagogy during the past two decades. Back to the 1990s, task-based teaching became the main trend in English language education in foreign countries, which drew attention of Chinese language teaching in China at the beginning of the 21st century. It lays emphasis on meaningful communication by setting the tasks similar to the real world. Besides, students are encouraged to express their thoughts, understand new linguistic forms so as to enhance language proficiency through the teaching approaches with equality, negotiation and interaction. The concept of task-based teaching provides students with the proper environment of language comprehension and use, inspires their academic motivation and achieves the expected outcome in language study and cultural understanding.

The series of teaching materials are designed with "Walk in China" as the study objective while task-based teaching as the theoretical direction and operating principle. Students can touch the real life of Chinese style and study the survival language through the perspective of travelers in China, experience the social culture in person and also voice their feelings during the process. In this way, a variety of elements are combined together with language study, including individual experience, colorful lifestyles, observing true China, as well as cultural understanding. Typical interactive cases are selected and arranged into six major topics, namely, clothing, food, accommodation, travel, shopping and entertainment, after the practice, students can finally achieve the progress from *Discovery* to *Beyond*.

II. Teaching Materials

The books *Discovery* are written and compiled for beginners of Chinese language, which are divided into two volumes, the first of which consists of 15 lessons (including the introduction of phonetics) and the second 10 lessons. Each lesson requires 4 to 6 class hours, which means that students may spend altogether 100 to 150 class hours for the whole learning process. Apart from

49 important grammar points, there are over 1000 commonly used words in the book containing approximately 500 fundamental words, equal with the expanding vocabulary.

The books *Beyond* are written and compiled for intermediate Chinese language learners, which are divided into two volumes, each of which consists of 10 lessons, 20 lessons in all. Each lesson requires 4 to 6 class hours, which means that students may spend altogether 80 to 120 class hours for the whole learning process. Apart from 78 important grammar points, there are over 800 commonly used words in the book containing approximately 600 fundamental words and 200 expanding vocabulary.

III. Textbook Layout

i. Chinese phonetics

This section mainly introduces the basic knowledge of phonetics such as the initials, finals, tones and syllables in Chinese as well as its featured neutral tone, retroflexion and tone sandhi, combining with relevant exercises. Students grasp the fundamental skills of pronunciation through distinguishing as well as imitating. At this stage, the initial connection is established between pronunciation and meaning.

It is a long-term and painstaking work in phonetic learning, especially in the acquisition of intonation, which means that only with the comprehension of phonological knowledge and self-directed practice students can perceive as well as distinguish different pronunciation. In the process, the textbooks set some tasks to inspire the active cognition in students. For instance, the question "how many initials are there in Chinese pinyin system?" Cooperation is also involved such as the class activity named "I Speak, You Write", which is usually performed in a group of two students, one randomly speak out a sound and the other distinguish it. It is believed that this kind of practice helps students to cultivate their subject consciousness as well as enhancing their learning efficiency.

In addition, it is of great significance to memorize the characteristics of tones, in other words, to keep in mind the pronunciation of characters, which can definitely ensure the accuracy and avoid foreign accents. Some reading exercises and conversations are arranged emphasizing the concept of chunks, which refer to those large units of information block that appear frequently and can be easily stored, extracted and output as a whole, such as "I feel so tired" "How beautiful it is!" and "No need to say". From the perspective of cognitive psychology, the study of samples, similar to the study of rules, is an effective way in language learning. At this stage, the analytical instruction of grammar may not be mentioned.

ii. Main Body

The content is as follows:

1) Let's warm up!

It aims to help students to activate their linguistic mechanisms by encouraging them to practice some words or phrases concerning the tasks mentioned above. Important expressions are demonstrated by pictures so that students can memorize easily. Besides, some simple tasks may also be designed such as matching pictures and some daily conversations, etc.

2) In the scene

With several examples of real communication, students are encouraged to notice the expressions, fill in the blanks, imitating the pronunciation as well as intonation and comprehend the materials thoroughly. In this way, it is much easier for students to accomplish tasks under authentic contexts and alleviate cognitive burdens during the process.

3) Finding grammar points

A wide selection of sample sentences is offered for students to probe into the rules behind the linguistic phenomena. Through discussion, students can analyze the formal characteristics and application rules of language, distinguish the phenomena in various materials and accomplish some experimental exercises with the awareness of language comparison and analysis.

4) Memorize, consolidate, and upgrade

It is deemed as the follow-up activity after the discovery of new language items. Students can consolidate their knowledge via language activities such as replacing words and short-answer questions, which are also known as "structure centralized" activities with the goal of improving language accuracy.

5) Tasks in Chinese

Students are required to fulfill language tasks step by step either with their partner or in small groups and they can employ methods including surveys, group discussion and role play. Since most of the task-based activities need to be reported, a framework of expression is specially established for "group surveys", by which students can get support to complete narration.

6) Real life activities

This section is planned as assignments after class, which is comprised of two categories. The first is language preparation, during which students make use of their spare time to systemize knowledge and review crucial rules while the other type is to accomplish tasks in Chinese under real social circumstances. A typical example of this is that in order to buy a can of coke with 10 RMB, students are demanded to talk with a shop assistant for at least three sentences with either recording or video for reference.

7) Words and expressions

Students need to establish individual library of words so as to lay essential foundation for language study.

8) Life sketch

Students have access to real images of the social life in China as well as cultural knowledge that they may be interested in. They are also encouraged to gather snapshots and share them in class.

IV. Supplementary Statement

The series of *Discovery* are intended for Chinese language learners at elementary level, putting emphasis on the practical command of language. Therefore, we attach great importance to the conciseness, feasibility, representativeness as well as effectiveness when considering linguistic elements though it may not be systematic and comprehensive. In the process of compiling the textbooks, the official *Syllabus of Chinese Language Proficiency Standards and Graded Grammar* are adhered to concerning the rules of words, phrases and sentences. Furthermore, we consult the *International Curriculum for Chinese Language Education* when setting the objectives of four fundamental language skills and explaining the topics, tasks as well as cultural themes. In this way, it is easy for teachers to understand the textbooks and conduct teaching procedures.

For most students, a vital factor of the driving force in Chinese language learning lies in whether the contents are intriguing. Thus as an old Chinese proverb goes, "It is better to travel ten thousand miles than to read ten thousand books", the keynote of these books is to motivate the interests of students with real situations in Chinese society. Many pictures are presented not only to help learning but also for appreciation.

My special thanks go to "the Program of the Co-Construction with Beijing Municipal Commission of Education of China", this project was sponsored by it. Last but not least, please allow me to extend my heartfelt gratitude for your attention and I really look forward to your advice and comments.

Prof. Zhai Yan
March, 2014

目　录

语音篇 ··· **1**

 第 1 课　声母和韵母 ·· 3

 第 2 课　音　节 ··· 8

 第 3 课　声　调 ··· 16

 第 4 课　轻声和儿化 ·· 20

 第 5 课　变　调 ··· 23

课文篇 ··· **29**

 餐　饮

  第 1 课　今天晚上吃什么？ ··· 31

  第 2 课　烤鸭最好吃 ·· 46

  第 3 课　你吃饱了吗？ ·· 63

  第 4 课　包子是甜的还是咸的？ ··· 85

 住　宿

  第 5 课　明天早上见 ·· 104

  第 6 课　我的耳机呢？ ·· 123

 交　通

  第 7 课　在天安门的东边 ··· 143

  第 8 课　我们快到了 ·· 164

  第 9 课　先往南，再往西 ··· 184

  第 10 课　您去过几次？ ·· 206

 总词表 ··· **225**

语音篇
Yǔyīnpiān

第 1 课   声母和韵母

一、汉语拼音 CHINESE PHONETICS

汉语拼音一般由声母、韵母和声调三部分组成。开头部分的辅音是声母，后一部分是韵母。

Hanyu pinyin is generally made up of three parts: initials, finals and tones. Pinyin begins with consonants, followed by the finals.

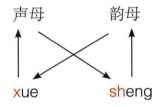

二、声母 INITIALS

b p m f	d t n l
g k h	j q x
z c s zh	ch sh r

1 想一想，写一写
Please try the exercises below

数一数，汉语拼音一共有多少个声母？How many initials are there in Hanyu pinyin?

_____

你觉得哪个比较难？Which do you think is more difficult?

_____

哪个比较容易？Which is easier?

_____

哪几个比较相似？Which of these sound similar?

_____

2 我说几个声母，你写
Please listen and write the initials you hear

_____

3 两人一组，听你的同伴说几个声母，你写
Two students shall form a team. One student will read the initials, while the other student will listen and write the dictated initials

_____

4 边听、边看、边发音
Listen, read, and pronounce

b/p   d/t   g/k   j/q   z/c   zh/ch
k/h   q/x   c/s   ch/sh

5 两人一组，一个学生随意念出练习 4 中的一个音，另一个学生圈出所听到的音
Two students shall form a team. One student shall read the initials of exercises 4 while the other student shall listen and circle the dictated initials

三、韵母 FINALS

a o e er i	-i(zi/ci/si)	-i(zhi/chi/shi/ri)	u ü	
ao ai an ang	ou ong	ei en eng		
ia iao ian iang	iou(-iu) iong	ie in ing		
ua uai uan uang	uo uei(-ui)	uen(-un) ueng		
üan üe ün				

1 想一想，写一写
Please try the exercises below

你觉得哪个韵母比较难？Which do you think is more difficult?

_____

哪个比较容易？Which is easier?

_____

哪几个比较相似？Which of these sound similar?

_____

发现：交际汉语入门（上）

哪些在你的母语中不存在？Which of these sounds do not exist in your mother tongue?

2 我说几个韵母，你写
I read some finals and you write them

3 两人一组，听你的同伴说几个韵母，你写
Two students shall form a team. One student shall read the finals while the other student shall listen and write the dictated finals

四、综合操练 COMPREHENSIVE PRACTICE

1 注意这三个特殊的拼写，填出括号中省略的元音，记住发音时需读出这些省略的音
Note the special pinyin spellings, and fill in the blanks with omitted vowels. Remember that these sounds must be pronounced with the omitted vowels

i(　)u　　u(　)i　　u(　)n

2 辨音：i 和 -i
Distinguish between the dictated sounds

-i (zi/ci/si)　-i(zhi/chi/shi/ri)，这两个韵母单独念不容易，试着读出整个音节后，延长尾音，得到的就是：-i (zi/ci/si)　-i(zhi/chi/shi/ri)。现在跟老师读。

Pronouncing these two finals alone may be difficult. Try to pronounce the whole sound while stretching out the ending sound for the following finals, then you can get the sound of -i (zi/ci/si)　-i(zhi/chi/shi/ri).

Read these syllables after your teacher.

zi　ci　si　zhi　chi　shi　ri

3 边听、边看、边发音
Listen, read, and pronounce

e/er i/u i/ü an/ang en/eng in/ing
in/ie uan/uang
üan/üe

4 两人一组,一个学生随意念出练习 3 中的一个音,另一个学生圈出所听到的音
Two students shall form a team. One student shall read the finals of the exercise 3 while the other student shall listen and circle the dictated finals

5 你还有其他辨析不清的韵母吗?写在下边
Please write down the finals you cannot distinguish

_____ / _____ / _____   _____ / _____ / _____

_____ / _____ / _____   _____ / _____ / _____

第 2 课　音　节

一、音节 SYLLABLES

　　声母、韵母拼合在一起，可以形成不同的音节。有的韵母可以没有声母自成音节。

　　Usually, initials and finals are combined to form syllables. However, some finals can become syllables without initials.

二、拼合关系 1 COMBINATION 1

	a	o	e	i	u	ü
b	ba	bo		bi	bu	
p	pa	po		pi	pu	
m	ma	mo	me	mi	mu	
f	fa	fo			fu	
d	da		de	di	du	
t	ta		te	ti	tu	
n	na		ne	ni	nu	nü
l	la		le	li	lu	lü
g	ga		ge		gu	
k	ka		ke		ku	

	a	e	u	ü
h	ha	he	hu	
j			ji		jü
q			qi		qü
x			xi		xü
z	za	ze	zu	
c	ca	ce	cu	
s	sa	se	su	
zh	zha	zhe	zhu	
ch	cha	che	chu	
sh	sha	she	shu	
r		re	ru	

1 找一找，写出不跟 e 相拼的声母

Find the initials that cannot be combined with "e"

_____

2 写出所有跟 ü 拼合后的音节

Find the initials that can be combined with "ü"

_____

3 说明一下，ju，qu，xu 中的 "u" 是什么

Indentify the "u" in "ju" "qu" "xu"

_____

三、拼合关系 2 COMBINATION 2

	ao	ai	an	ang	ou	ong	ei	en	eng
b	bao	bai	ban	bang			bei	ben	beng
p	pao	pai	pan	pang	pou		pei	pen	peng
m	mao	mai	man	mang	mou		mei	men	meng
f			fan	fang	fou		fei	fen	feng
d	dao	dai	dan	dang	dou	dong	dei	den	deng
t	tao	tai	tan	tang	tou	tong			teng
n	nao	nai	nan	nang	nou	nong	nei	nen	neng
l	lao	lai	lan	lang	lou	long	lei		leng
g	gao	gai	gan	gang	gou	gong	gei	gen	geng
k	kao	kai	kan	kang	kou	kong	kei	ken	keng
h	hao	hai	han	hang	hou	hong	hei	hen	heng
j									
q									
x									
z	zao	zai	zan	zang	zou	zong	zei	zen	zeng
c	cao	cai	can	cang	cou	cong		cen	ceng
s	sao	sai	san	sang	sou	song		sen	seng
zh	zhao	zhai	zhan	zhang	zhou	zhong	zhei	zhen	zheng
ch	chao	chai	chan	chang	chou	chong		chen	cheng
sh	shao	shai	shan	shang	shou		shei	shen	sheng
r	rao		ran	rang	rou	rong		ren	reng

1 看一看，这个表中能跟声母拼合的韵母多不多
How many finals can be combined with initials

_____

2 哪三个声母不能跟表中的韵母相拼
Which three initials cannot be combined with finals

_____

四、拼合关系 3 COMBINATION 3

	ia	iao	ian	iang	iou	iong	ie	in	ing
b		biao	bian				bie	bin	bing
p		piao	pian				pie	pin	ping
m		miao	mian		miu		mie	min	ming
f									
d		diao	dian		diu		die		ding
t		tiao	tian				tie		ting
n		niao	nian	niang	niu		nie	nin	ning
l	lia	liao	lian	liang	liu		lie	lin	ling
g									
k									
h									
j	jia	jiao	jian	jiang	jiu	jiong	jie	jin	jing
q	qia	qiao	qian	qiang	qiu	qiong	qie	qin	qing
x	xia	xiao	xian	xiang	xiu	xiong	xie	xin	xing

1 看一看，能跟所有"i"打头的韵母相拼的声母是
Which initials can be combined with finals beginning with "i"

_____

2 哪个韵母最不容易跟这些声母拼合
Which finals can be seldom combined with the initials

_____

五、拼合关系 4 COMBINATION 4

	ua	uai	uan	uang	uo	uei	uen	ueng
b								
p								
m								
f								
d			duan		duo	dui	dun	
t			tuan		tuo	tui	tun	
n			nuan		nuo			
l			luan		luo		lun	
g	gua	guai	guan	guang	guo	gui	gun	
k	kua	kuai	kuan	kuang	kuo	kui	kun	
h	hua	huai	huan	huang	huo	hui	hun	
j								
q								
x								

z			zuan		zuo	zui	zun
c			cuan		cuo	cui	cun
s			suan		suo	sui	sun
zh	zhua	zhuai	zhuan	zhuang	zhuo	zhui	zhun
ch	chua	chuai	chuan	chuang	chuo	chui	chun
sh	shua	shuai	shuan	shuang	shuo	shui	shun
r	rua		ruan		ruo	rui	run

1 看一看，不能跟"u"打头的韵母拼合的声母有哪些
Which initials cannot be combined with finals beginning with "u"

_____

2 能跟几乎所有"u"打头的韵母拼合的声母有哪些？
Which initials can be combined with almost all the finals beginning with "u"?

_____

六、拼合关系 5 COMBINATION 5

	üan	üe	ün
n		nüe	
l		lüe	
j	juan	jue	jun
q	quan	que	qun
x	xuan	xue	xun

发现：交际汉语入门（上）

1 看一看，能跟"ü"打头的韵母拼合的声母多不多
How many initials can be combined with "ü"? Which initials are they?

_____

2 默写出所有跟"ü"打头的韵母相拼的音节
Without looking at your book, write the syllables that can be combined with "ü"

_____

_____

七、综合操练 COMPREHENSIVE PRACTICE

1 辨音 Distinguish

ji/ju   qi/qu   xi/xu
ju/qu/xu   zu/cu/su

注意，这里拼写相同的 u 其实是两个不同的韵母，想一想它们都是什么，然后跟老师读。
Note that the "u" finals above represent two different "u" finals.

2 边听，边看，边发音 Listen, read, and pronounce

nu/nü   lu/lü
juan/jue/jun   quan/que/qun   xuan/xue/xun
jia/za/zha   qia/ca/cha   xia/sa/sha
zou/zuo   cou/cuo   sou/suo

下面老师读，你写 Listen and write the dictated sounds

3 两人一组练习，一个学生随意念出练习 2 中的一个音，另一个学生圈出所听到的音
Two students shall form a team. One student shall read syllables of the exercise 2 while the other student shall listen and circle the dictated syllables

_____

4 朗读一下 Please read aloud

zhe	ce	
jin	qing	
xian	xiang	
re	ran	ren
zhan	chang	shuang
niu	hui	jun

5 辨音 Distinguish

注意两组特殊的音节：zi ci si / zhi chi shi ri

Note these two groups of special syllables

体会一下它们和下列音节的不同：bi pi mi / di ti ni li / ji qi xi

Note that the sound of "i" in these syllables are different with the sound of "i" in the syllables above

6 两人一组练习，一个学生随意念出练习4和练习5中的一个音，另一个学生圈出所听到的音

Two students shall form a team. One student shall read syllables of the exercise 4 and exercise 5, while the other student shall listen and circle the dictated syllables

7 请写三个最短的音节和三个最长的音节

Write down three of the shortest syllables, and three of the longest syllables

_____   _____

_____   _____

_____   _____

8 请写出三个对你来说最难的音节，然后和你的同伴交换一下

Write down three of the syllables you find most difficult, and exchange this list with your partner

_____   _____   _____

第3课 声调

一、声调 TONES

汉语普通话有四个基本声调：
In Standard Mandarin Chinese, there are four basic tones:

第一声 The first tone	‾
第二声 The second tone	´
第三声 The third tone	ˇ
第四声 The fourth tone	`

声调有区别意义的作用。下面的你会念吗？
Different tones give different meanings to the same combinations. Can you pronounce the following syllables?

麻	妈妈	骑	马，	马	慢，	麻	妈妈	骂	马。
Má	māma	qí	mǎ,	mǎ	màn,	Má	māma	mà	mǎ.
Surname	mother	to ride	horse	horse	slow	surname	mother	to abuse	horse

二、标注声调 MARK TONES

看看声调标在哪儿？和你的同伴讨论一下，结果写在表格左栏。
Mark the tones for the combinations and explain or discuss with your partner.

	mā, lè, pó
	huā, gěi, lòu

再看下面 Look at the following

	liù, huí
	jí, jīn, jìng

三、书写拼音 WRITE PINYIN

以 i, u, ü 开头的韵母自成音节或在一个音节开头时，书写时有变化。
Note that when "i" "u" and "ü" are used to form syllables or occur at the beginning of syllables, they can be written as different initials.

试着猜猜，这些音节是什么变来的？ Which initials do these syllables come from?

1 _____ → ye   _____ → ya   _____ → you
   _____ → wo   _____ → wa   _____ → wei

   _____ → yi   _____ → wu
   _____ → yan   _____ → wen

2 如果 ü → yu，üan → yuan 那么…… If ü → yu, üan → yuan, then...

üe → _____
ün → _____

3 当 j，q，x 遇到 ü，üan，üe，ün When "j" "q" "x" are put before "ü" "üan" "üe" "ün"

j	ü		ju
q +	üan	⟶	quan
	üe		xue
x	ün		xun

4 念一念，它们为什么不一样？Why do the same combinations have different sounds?

tuàn / tú'àn， xī(o)u / xī'ōu， tiāné / tiān'é
这就是隔音符号" ' "的作用。" ' " is used as the dividing mark.

四、综合操练 COMPREHENSIVE PRACTICE

1 跟老师一起读，然后两人一组，自由练习
Read with your teacher, then practice in pairs

给下列音节加上第一声后朗读 Mark the first tone on the following syllables and read
tong xi kai chuan can fu

给下列音节加上第二声后朗读 Mark the second tone on the following syllables and read
jie shi mian niang cong sheng

给下列音节加上第三声后朗读 Mark the third tone on the following syllables and read
zhong nai sao pin xiao kua

给下列音节加上第四声后朗读 Mark the fourth tone on the following syllables and read
luo cha bei jiu guang zui

2 朗读一下 Read the following syllables

bāi	bié	bǐng	bù
dāo	dá	duǎn	dùn
jiā	jú	juǎn	jùn
gāo	guó	guǎn	gòng
zāng	záo	zǐ	zuò
shī	shéi	shěng	shòu

3 听我读，请你写出声调 Listen and mark the tones

| pai | piao | pin | mao | mo | meng | fan | feng | fei |
| tai | tong | tuo | neng | niu | ning | lang | li | ling |

4 两人一组，一个同学给下面的音加上声调后读出来，另一个同学写出声调后跟他核对。然后两人互换

Two students shall form a team. One student shall mark the tones for the following syllables and read aloud, while the other student shall write down the dictated tones and check the results. Exchange roles after completing the exercise

| gan | gun | guai | kou | ku | kuan | hou | huan | huang |
| jin | jian | jue | qi | quan | qie | xiu | xu | xuan |

5 朗读下列音节 Read the following syllables aloud

zhīchí 支持　　zìzài 自在　　zūnzhòng 尊重　　sīzì 私自
róngrěn 容忍　　cāozuò 操作　　cóngshū 丛书　　zhèngzhòng 郑重
Chángchéng 长城　sīsuǒ 思索　　rénshēng 人生　　cházhǎo 查找
chūzū 出租　　shēchǐ 奢侈　　cūsú 粗俗　　shàng shān 上山
shēngsǐ 生死　　shuāisuì 摔碎　　shīrùn 湿润　　cāicè 猜测

6 听我读，并请你写出音节

Listen and write down the dictated syllables including finals, initials and tones

_____

第 4 课　轻声和儿化

一、轻声 NEUTRAL TONE

1 普通话有些音节会失去原有的声调，读得又快又短，叫作"轻声"，轻声不标声调。看看下面的音节，哪些是轻声？用笔画出来。
In the standard Chinese pronunciation, there are a number of syllables that lose their original tones and are pronounced soft and short. This is known as the neutral tone which is identified by the absence of a tone mark. Look at the following syllables, find and mark the neutral tones.

xiāoxi　　juéde　　xièxie　　hǎole

2 轻声在不同的声调后，音高有所不同
The neutral tone has a different pitch depending on the different tones it follows

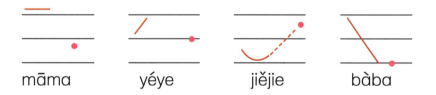

māma　　yéye　　jiějie　　bàba

二、儿化 RETROFLEX FINAL

er 常常跟其他韵母结合在一起，成为儿化音。写法是在原来的韵母之后加 r。
如：wán+er → wánr。看看下面的音节，怎么变成儿化音？写一下。

The final "er" is usually attached to another final to form a retroflex final, and when it is used this way, it is no longer an independent syllable. A retroflex final is represented by the letter "r" added to the final. e.g. wán+er → wánr Look at the following syllables, and rewrite them as retroflex finals.

yíkuài+er → _____   yíxià+er   → _____
fànguǎn+er → _____   miàntiáo+er → _____

三、综合操练 COMPREHENSIVE PRACTICE

1 朗读下列两组含有轻声的双音节，注意在不同的声调后轻声的读法
Read aloud the following disyllables with neutral tones, and pay attention to the different pitches of the neutral tones depending on the different tones that precede them

māma 妈妈	yīfu 衣服	shōushi 收拾	guānxi 关系
zhízi 侄子	késou 咳嗽	piányi 便宜	shénme 什么
nǎinai 奶奶	nuǎnhuo 暖和	jiǎozi 饺子	yǎnjing 眼睛
bàba 爸爸	kùzi 裤子	kèqi 客气	jìngqu 进去

chuāngzi 窗子	qúnzi 裙子	běnzi 本子	jùzi 句子
gēzi 鸽子	fángzi 房子	yǐzi 椅子	yàngzi 样子

2 朗读下列含有儿化音的音节
Read aloud the following syllables which contain retroflex finals

tiānr 天儿   →   bàntiānr 半天儿
háir 孩儿   →   xiǎoháir 小孩儿
nǎr 哪儿   →   qù nǎr 去哪儿
shìr 事儿   →   méi shìr 没事儿

3 两人一组念这些音节
Work in pairs and read the following syllables

pāir 拍儿	dèngr 凳儿	fènr 份儿	lánr 篮儿	zhèr 这儿
duìr 对儿	língr 铃儿	lúnr 轮儿	xiànr 馅儿	tǒngr 桶儿

4 两人一组，一个同学用富有表情的语调附加身体动作说这些词组，另一个同学重复。然后交换练习

Work in pairs, with one student reading the phrases with proper tones and actions, and the other student repeat. Exchange roles

Xiě yíxiàr.	写一下儿。	Write it.
Shuō yíxiàr.	说一下儿。	Say it.
Lái yíxiàr.	来一下儿。	Come here.
Kuài diǎnr lái.	快点儿来。	Come quickly.
Màn diǎnr zǒu.	慢点儿走。	Walk slowly.
Hǎo lèi ya!	好累呀！	So tired!
Hǎo è ya!	好饿呀！	So hungry!
Zhēn piàoliang!	真漂亮！	So beautiful!
Zhēn piányi!	真便宜！	So cheap!
Méi shuō de.	没说的。	Really good.

5 两人一组，用富有表情的语调附加身体动作模仿对话

Work in pairs, read the dialogues with proper tones and actions

（1） A：Shuí de? 谁的？ Whose is this?
　　　B：Wǒ de. 我的。 It's mine.
（2） A：Nǐ de? 你的？ Is this yours?
　　　B：Bù, tā de. 不，他的。 No, it's his.
（3） A：Qù ma? 去吗？ Will you go?
　　　B：Qù ba. 去吧。 Let's go.
（4） A：Māma qù ma? 妈妈去吗？ Will your mom go?
　　　B：Bú qù. 不去。 No, she won't.
（5） A：Màn diǎnr. 慢点儿。 Slow down.
　　　B：Hǎo de. 好的。 Alright.
（6） A：Kuài diǎnr. 快点儿。 Quickly!
　　　B：lái le. 来了。 I'm coming.
（7） A：Xièxie. 谢谢。 Thank you.
　　　B：Bú kèqi. 不客气。 You're welcome.
（8） A：Nǐ hǎo ma? 你好吗？ Are you alright?
　　　B：Hǎo. 好。 I'm fine.
（9） A：Duìbuqǐ. 对不起。 Sorry.
　　　B：Méi guānxi. 没关系。 It's ok.
（10） A：Zài jiàn. 再见。 See you.
　　　 B：Míngtiān jiàn. 明天见。 See you tomorrow.

第5课 变 调

一、变调 TONE SANDHI

1 三声变调 Tone sandhi of the third tone

看看第三声是怎么变化的，用你的母语解释一下。
Listen to how the third tone changes and explain it in your mother tongue.

ˇ+ˇ   →   ´+ˇ
hěn hǎo   →   hén hǎo

ˇ+ˉ   →   ?+ˇ
hěn xiāng   →   hen（ˋ）xiāng

ˇ+´   →   ?+ˇ
Wǒ lái   →   wo（ˋ）lái

ˇ+ˋ   →   ?+ˇ
hěn guì   →   hen（ˋ）guì

ˇ+轻声   →   ?+轻声
wǒ de   →   wo（ˋ）de

2 "不"的变调 Tone sandhi of "不"

"不"的发音变化是这样的，试试用你的母语解释一下。
The rules regarding the tone sandhi of "不" are as follows, try to explain in your mother tongue.

bù + huì   →   bú huì 不会
bù + tīng   →   bù tīng 不听

bù+ téng → bù téng 不疼
bù+ hǎo → bù hǎo 不好

3 "一"的变调 Tone sandhi of "yī"

"一"的发音变化有三种情况,试试用你的母语解释一下。

There are three occasions in tone sandhi of "yī", try to explain it in your mother tongue.

(1) yī èr sān sì 一 二 三 四
dì yī shēng 第一声
(2) yī cì → yí cì 一次
(3) yī fēng → yì fēng 一封
yī nián → yì nián 一年
yī chǎng → yì chǎng 一场

二、综合操练 COMPREHENSIVE PRACTICE

1 注意下列含有第三声的双音节并正确朗读

Pay attention to the disyllables containing the third tone, and read aloud

第三声＋第一声	第三声＋第二声	第三声＋第三声	第三声＋第四声
kěxī 可惜	kěyí 可疑	kěxǐ 可喜	kěshì 可是
yǒuguān 有关	yǒushí 有时	yǒulǐ 有理	yǒujiù 有救
zhǐzhāng 纸张	zhǐtiáo 纸条	zhǐbǎn 纸板	zhǐbì 纸币
měiguān 美观	měishí 美食	měinǚ 美女	měilì 美丽
yuǎnfāng 远方	yuǎnzú 远足	yuǎnjǐng 远景	yuǎndà 远大

2 注意下列含有"不"的双音节并正确朗读
Pay attention to the disyllables containing "不" and read aloud

不+第一声	不+第二声	不+第三声	不+第四声
bù'ān 不安	bùrán 不然	bùjǐn 不仅	bú bì 不必
Bù zhī 不知	bùrú 不如	bùzhǐ 不止	búdàn 不但
Bù tōng 不通	bù xíng 不行	bù xǔ 不许	búcuò 不错
Bù guāng 不光	bù néng 不能	bù gǎn 不敢	búyòng 不用

3 注意下列含有"一"的双音节并正确朗读
Pay attention to the disyllables containing "一" and read aloud

一+第一声	一+第二声	一+第三声	一+第四声
yìbān 一般	yìlián 一连	yìqǐ 一起	yígòng 一共
yìbiān 一边	yìzhí 一直	yìzǎo 一早	yílǜ 一律
yìjiā 一家	yì nián 一年	yìzhǔn 一准	yídìng 一定
yìshēng 一生	yìshí 一时	yìtǐ 一体	yíkè 一刻
yìxiē 一些	yìchéng 一程	yìlǎn 一览	yí lù 一路

4 边念边填上调号，然后朗读这些音节
Mark the tones while reading the following syllables, then read aloud

	第一声	第二声	第三声	第四声	轻声
第一声	kuansong canting	yaoqiu xuanchuan	xinshang xiangfan	shushi tuijian	shangliang xiuxi
第二声	chuangdan guojia	choulao chunjie	menkou qinglang	niurou fuwu	liangkuai xuesheng
第三声	shanggang xishua	xuanze jiejue	kunao muzhi	baobei liwu	naodai duanchu
第四声	jianjiao qiche	kuaijie zhongren	dailing xiumei	lüse zhengzai	jiaohuan renshi

5 两人一组，一个同学在上边这张表中任意选择十个双音节，读给同伴听，另一个同学边听边写下来，然后两人互换
Work in pairs. One student shall choose ten disyllables from the form above and read to the other student, while the other student shall write down the dictated disyllables. Exchange roles

_____ _____ _____ _____ _____

_____ _____ _____ _____ _____

6 两人一组，模仿对话
Work in pairs, practicing your own dialogue based on the examples below

(1) A: Nǐ qù nǎr?　　　你去哪儿？　　Where are you going?
　　B: Běijīng.　　　　北京。　　　　Beijing.
(2) A: Nǐ zài nǎr?　　　你在哪儿？　　Where are you?
　　B: Shànghǎi.　　　上海。　　　　Shanghai.
(3) A: Nǐ chī shénme?　你吃什么？　　What do you want to eat?
　　B: Jiǎozi.　　　　　饺子。　　　　Dumplings.
(4) A: Nǐ hē shénme?　你喝什么？　　What do you want to drink?
　　B: Kělè.　　　　　可乐。　　　　Coca Cola.

(5)	A：	Zěnme qù?	怎么去？	How will you go?
	B：	Zuò fēijī.	坐飞机。	By airplane.
(6)	A：	Zěnme xiě?	怎么写？	How to write it?
	B：	Zhème xiě.	这么写。	Write it like this.
(7)	A：	Rè bu rè?	热不热？	Is it hot?
	B：	Hái xíng.	还行。	It's alright.
(8)	A：	Hǎochī bu hǎochī?	好吃不好吃？	Is it delicious?
	B：	Hái xíng.	还行。	It tastes fine.
(9)	A：	Mǎi ma?	买吗？	Do you want to buy?
	B：	Bù mǎi, tài guì.	不买，太贵。	No, it's too expensive.
(10)	A：	Jǐ ge rén?	几个人？	How many people are there?
	B：	Yí ge.	一个。	One.

7 念念这些绕口令，看看谁念得又快又好
Read the following tongue twisters, and practice with your classmates to see who can correctly read aloud the fastest

Biǎndan cháng, bǎndèng kuān.
扁担　长，　板凳　宽。
Biǎndan méiyǒu bǎndèng kuān, bǎndèng méiyǒu biǎndan cháng.
扁担　没有　板凳　宽，　板凳　没有　扁担　长。

Sān yuè sān, Xiǎo Sān liàn dēng shān.
三　月　三，小三　练　登　山。
Sān cì shàng xià shān, zǒule sān lǐ sān.
三　次　上　下　山，走了　三　里　三。
Chū le yì shēn hàn, shīle sān jiàn shān.
出　了　一　身　汗，湿了　三　件　衫。

Shíshī sì qián yǒu sìshísì tóu shí shīzi,
石狮　寺　前　有　四十四　头　石　狮子，
sì qián shùshang jiéle sìshísì zhī sè shìzi.
寺　前　树上　结了　四十四　只　涩　柿子。

Fěnhóng qiángshang huà fènghuáng,
粉红　　墙上　画　凤凰，
hóng fènghuáng, fěn fènghuáng, fěnhóng fènghuáng,
红　　凤凰，　粉　凤凰，　粉红　　凤凰，
yòu hóng yòu fěn huā fènghuáng.
又　红　又　粉　花　凤凰。

Gē kuà guā kuāng guò kuān gōu,
哥　挎　瓜　筐　　过　宽　沟，
guò gōu kuāng lòu guā gǔn gōu.
过　沟　筐　　漏　瓜　滚　沟。

课文篇
kèwénpiān

第 1 课

 今天晚上吃什么？

一、语言热身 LET'S WARM UP!

我的词典 MY DICTIONARY

1 找到与"我的词典"中的词语相对应的图片，然后朗读词语
Please match the words in My Dictionary with the corresponding pictures, and read these words aloud

a. 汉堡 / hànbǎo / hamburger
b. 烤鸭 / kǎoyā / roasted duck
c. 饺子 / jiǎozi / dumpling
d. 面包 / miànbāo / bread
e. 水 / shuǐ / water
f. 可乐 / kělè / coke, cola
g. 牛奶 / niúnǎi / milk
h. 茶 / chá / tea
i. 果汁儿 / guǒzhīr / fruit juice

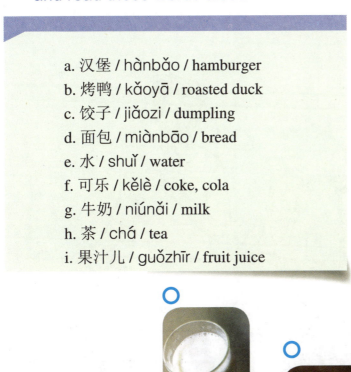

发现：交际汉语入门（上）

2 从"我的词典"中选择合适的词跟中下面的动词搭配
Please choose the proper words in My Dictionary to match the following verbs

吃 chī _____

喝 hē _____

要 yào _____

去 qù _____

买 mǎi _____

> 提示：
> 有一个动词不能跟"我的词典"中的词语搭配，请找出来，并想一想为什么不能搭配。
>
> Please figure out which verb cannot match the words in My Dictionary, and think why.

二、身在其中 IN THE SCENE

1 情景对话 1 Scene 1

◎（马丁与儿子对话 Martin is talking with Mike）

（1）看图片，听一遍对话 1 录音。听后回答下列问题
Look at the picture and listen to the recording once. Then answer the question

他们在谈论什么？（What are they talking about?）

第 1 课　今天晚上吃什么？

（2）听第二遍录音，一边听一边跟说。然后请根据对话内容，完成下面的句子填空
Listen to the recording for the second time, and try to repeat while listening. Then complete the following conversation according to Dialogue 1

马丁 Mǎdīng　麦克，＿＿＿＿＿＿吗？
　　　　　　　Màikè,＿＿＿＿＿＿ma?

麦克 Màikè　我 不 喝 水，我 想＿＿＿＿＿＿。
　　　　　　Wǒ bù hē shuǐ, wǒ xiǎng＿＿＿＿＿＿.

（3）朗读对话1：注意发音和语气
Please read Dialogue 1 aloud, and pay attention to the pronunciation and the tone

马丁：　麦克，　喝　水　吗？
Mǎdīng: Màikè, hē shuǐ ma?

麦克：　我　不　喝　水，我　想　喝　可乐。
Màikè: Wǒ bù hē shuǐ, wǒ xiǎng hē kělè.

马丁：　好，我　去　买　可乐。
Mǎdīng: Hǎo, wǒ qù mǎi kělè.

"去"可用在动词前，表示两个连续的动作。The verb "qù" can be used before another verb to indicate two continuous actions.

2　情景对话 2 Scene 2

◎（一家人讨论晚餐吃什么 They are talking about what to eat for supper）

（1）听录音，选出麦克和马丁想吃的东西，在图片下边写上菜的名字
Listen to the recording, mark the food which Mike and Martin want to eat, and write down the names of the food in the brackets

（　　　）　　（　　　）　　（　　　）　　（　　　）

33

（2）听第二遍录音，一边听一边跟说。然后请根据对话内容，完成下面的句子
Listen to the recording for the second time, and try to repeat while listening. Then complete the following conversation according to Dialogue 2

艾玛 Àimǎ：晚上吃什么？
Wǎnshang chī shénme?

麦克 Màikè：

马丁 Mǎdīng：

（3）朗读对话2：注意发音和语气
Please read Dialogue 2 aloud, and pay attention to the pronunciation and the tone

艾玛： 晚 上 吃 什么？
Àimǎ: Wǎnshang chī shénme?

马丁： 我 要 吃 汉堡。
Mǎdīng: Wǒ yào chī hànbǎo.

麦克： 妈妈，我 想 吃 中国 菜。
Màikè: Māma, Wǒ xiǎng chī Zhōngguó cài.

艾玛： 今天 吃 中国 菜，明天 吃 汉堡。
Àimǎ: Jīntiān chī Zhōngguó cài, míngtiān chī hànbǎo.

3 情景对话3 Scene 3

◎ （决定去哪个餐厅 Choosing a restaurant）

（1）请读下面的句子并排序，然后听录音，看看你做得对不对
Please read and number the following sentences, then listen to the recording, and check if you are right

（　）去"全聚德"吧。
Qù "Quánjùdé" ba.

（　）吃 烤鸭，你 爸爸 喜欢 那儿的 烤鸭。
Chī kǎoyā, nǐ bàba xǐhuan nàr de kǎoyā.

第 1 课　今天晚上吃什么？

（　）去"全聚德"吃　什么？
　　　Qù "Quánjùdé" chī shénme?

（　）我们　去　哪个　饭馆儿？
　　　Wǒmen qù nǎ ge fànguǎnr?

（2）根据对话 3，判断下面的说法是否正确。如果正确，请在小方框里写"√"，如果不对，请在小方框里写"×"
True or false: please judge if the following statements are correct. Mark "√" in the box if the statement is correct, and "×" if it is not

① 全聚德　是 饭馆儿 的　名字。
　　Quánjùdé shì fànguǎnr de míngzi.

② 麦克　要　吃　汉堡。
　　Màikè yào chī hànbǎo.

③ 麦克　喜欢　烤鸭，爸爸 也　喜欢　烤鸭。
　　Màikè xǐhuan kǎoyā, bàba yě xǐhuan kǎoyā.

（3）朗读对话 3：注意发音和语气
Please read Dialogue 3 aloud, and pay attention to the pronunciation and the tone

麦克：　我们　去　哪个　饭馆儿？
Màikè:　Wǒmen qù nǎ ge fànguǎnr?

马丁：　去"全聚德"　吧。
Màikè:　Qù "Quánjùdé" ba.

麦克：　去"全聚德"　吃　什么？
Màikè:　Qù "Quánjùdé" chī shénme?

艾玛：　吃　烤鸭，你 爸爸 喜欢 那儿的　烤鸭。
Àimǎ:　Chī kǎoyā, nǐ bàba xǐhuan nàr de kǎoyā.

> 这里的"吧"有建议、命令的语气。The "吧 ba" here gives the statement a tone of suggestion or command.

三、发现语言现象 FINDING GRAMMAR POINTS

与同伴研究一下，下面的句子有什么特点。你还可以说出这样的句子吗？
Try to find language points in the following sentences with your partner. Could you figure out the meaning and function of the patterns by yourself? Can you make similar sentences?

★ 在陈述句末用"吗（ma）"表示疑问 The question word "ma" used at the end of a statement expresses doubt. The question sentence with "吗 ma" is a YES or NO question

A: 你 喝 可乐吗?
   Nǐ hē kělè ma?

B: 喝。
   Hē.

★ 用副词"不"来表示否定 The adverb "不 bù" is used before a verb or an adjective word to indicate negation.

A: 麦克, 吃 饺子吗?
   Màikè, chī jiǎozi ma?

B: 我 不 吃。
   Wǒ bù chī.

我的句子：My sentences

★ 助动词"想/要"+ 动词 The Auxiliary verbs "xiǎng/yào" are used before other verbs, the pattern is "S + xiǎng/yào + Verb"

A: 你 想 吃 烤鸭 吗?
   Nǐ xiǎng chī kǎoyā ma?

B: 我 想 吃 烤鸭。
   Wǒ xiǎng chī kǎoyā.

A: 你 要 喝 牛奶 吗?
   Nǐ yào hē niúnǎi ma?

B: 我 不 想 喝 牛奶。
   Wǒ bù xiǎng hē niúnǎi.

"要"和"想"的否定式都是"不想" The negative forms of "yào" and "xiǎng" are both "bù xiǎng"

> 我的句子：My sentences

★ 疑问代词"什么" Question word "shénme" means "what"

A: 你 想 吃 什么？
　　Nǐ xiǎng chī shénme?

B: 我 想 吃 烤鸭。
　　Wǒ xiǎng chī kǎoyā.

A: 你 要 喝 什么？
　　Nǐ yào hē shénme?

B: 我 要 喝 牛奶。
　　Wǒ yào hē niúnǎi.

> 我的句子：My sentences

★ 疑问代词"哪 + 量词 + 名词" The question word "nǎ (which)" is used in the pattern "nǎ" + measure word + noun

A: 我们 去 哪 个 饭馆儿？
　　Wǒmen qù nǎ ge fànguǎnr?

B: 去 全聚德 吧。
　　Qù QuánJùdé ba.

A: 你 要 哪 种（kind）果汁儿？
　　Nǐ yào nǎ zhǒng guǒzhīr?

B: 我 要 橙汁（orange juice）。
　　Wǒ yào chéngzhī.

37

看一看，这两个句子对不对？ Read the following two sentences, and judge if they are correct

① 你们 去 哪 饭馆儿？
　Nǐmen qù nǎ fànguǎnr?

② 你 买 哪 可乐？
　Nǐ mǎi nǎ kělè?

★ 结构助词"的"，一般用在名词前，代词、名词等后面，表示领有或所属。The structural particle "de 的" is usually used before the noun, and after the pronoun and noun, to indicate possession. In Chinese, the possessor always precedes the possessed.

我的书 (book)　　　　wǒ de shū
妈妈的朋友 (friend)　　māma de péngyou
全聚德的烤鸭　　　　Quánjùdé de kǎoyā

结构助词"的"，也可以用在形容词后面表示描述。The structural particle "的 de" is sometimes descriptive, used after an adjective.

漂亮 (beautiful) 的姐姐 (elder sister)　piàoliang de jiějie

我的句子：My sentences

看一看，这两个短语的意思一样吗？ Do you think the meanings of the two phrases are same?

① 朋友的妈妈　　péngyou de māma
② 妈妈的朋友　　māma de péngyou

想一想，还有什么问题？ Do you have other questions?

第 1 课　今天晚上吃什么？

四、记忆、巩固和提升 MEMORIZE, CONSOLIDATE, AND UPGRADE

两人一组，先认读方框中的词语，然后互问互答
Pair work: please recognize the expressions in the box with your partner. One ask questions according to the parts underlined, and the other answer question

1. A: 你 喝水 吗？
     Nǐ hē shuǐ ma?

   B: 我 不 喝 水。
     Wǒ bù hē shuǐ.

   > 吃烤鸭 chī kǎoyā
   > 去 qù
   > 喜欢 xihuan

2. A: 你 喝 什么？
     Nǐ hē shénme?

   B: 我 想 喝 可乐。
     Wǒ xiǎng hē kělè.

   > 果汁儿 guǒzhīr
   > 牛奶 niúnǎi
   > 茶 chá

3. A: 你 吃 什么？
     Nǐ chī shénme?

   B: 我 要 吃 汉堡。
     Wǒ yào chī hànbǎo.

   > 烤鸭 kǎoyā
   > 饺子 jiǎozi
   > 面包 miànbāo

4. A: 我们 去 哪个 饭馆儿？
     Wǒmen qù nǎ ge fànguǎnr?

   B: 去 全聚德 吧。
     Qù Quánjùdé ba.

   > 东来顺 Dōngláishùn
   > 四川饭馆儿 Sìchuān fànguǎnr
   > 广东饭馆儿 Guǎngdōng fànguǎnr

5. A: 你 爸爸 喜欢 吃 什么？
     Nǐ bàba xǐhuan chī shénme?

   B: 我 爸爸 喜欢 吃 那儿 的 烤鸭。
     Wǒ bàba xǐhuan chī nàr de kǎoyā.

   > 吃 chī 饺子 jiǎozi
   > 吃 chī 汉堡 hànbǎo
   > 喝 hē 果汁儿 guǒzhīr

五、用汉语完成任务 TASKS IN CHINESE

（一）谁是你的好朋友？ Who is your good friend?

1. 请回答下面四个问题，并在本子上写下你的答案
   Answer the following questions, and write down your answers

   （1） 你 喜欢 吃 什么？
       Nǐ xǐhuan chī shénme?

（2）你 不 喜欢 吃 什么？
Nǐ bù xǐhuan chī shénme?

（3）你 喜欢 喝 什么？
Nǐ xǐhuan hē shénme?

（4）你 不 喜欢 喝 什么？
Nǐ bù xǐhuan hē shénme?

2. 问其他同学这四个问题，如果有同学的回答跟你完全一样，他/她就是你的好朋友
Please ask your classmates the four questions above. If you find someone's answers are exactly the same as yours, you two are good friends in class

3. 用汉语向老师或全班汇报，你有没有找到好朋友
Tell your teacher or the class in Chinese if you have found a good friend

（二）你想跟谁一起去吃晚饭？Whom do you want to have dinner with?

1. 询问至少三个同学下列问题，然后填表
Ask at least three students the following questions, and fill in the following form with their answers

（1）今天 晚上 你想 吃 什么？
Jīntiān wǎnshang nǐ xiǎng chī shénme?

（2）今天 晚上 你要 喝 什么？
Jīntiān wǎnshang nǐ yào hē shénme?

（3）你 常常（often）去 哪个 饭馆儿？
Nǐ chángcháng qù nǎ ge fànguǎnr?

（4）你 喜欢 那儿 的 什么？
Nǐ xǐhuan nàr de shénme?

问题 名字	今天晚上你想吃什么？	今天晚上你要喝什么？	你常常去哪个饭馆儿？	你喜欢那儿的什么？
1.				
2.				
3.				

第1课　今天晚上吃什么？

2. 根据三位朋友的回答，看看你最想跟谁一起去吃晚饭。汇报给大家，并说明为什么
   According to the answers of your three friends, select the one that you want to have dinner with tonight. Report to the class and tell why

   补充词：因为 yīnwèi because

3. 根据一位同学的回答，请介绍一下他今天晚上打算做什么
   Please introduce one student's plan tonight according to his answer

   今天　晚上_____想_____。他/她常常去
   Jīntiān wǎnshang_____ xiǎng_____. Tā chángcháng qù

   _____。那儿的_____
   _____. Nàr de_____

   很　好吃（delicious）。
   hěn　hǎochī.

六、用语言做事 REAL LIFE ACTIVITIES

（一）语言准备 Language preparation

1. 听写并朗读这些句子 Dictation: please write down the sentences, read aloud and memorize them

   （1）_____。

   （2）_____。

   （3）_____。

   （4）_____。

   （5）_____。

2. 把下列词语组成合适的句子 Make appropriate sentences with the following words

   （1）我　中国菜　吃　想
   　　　wǒ Zhōngguócài chī xiǎng
   　　　_____。

   （2）要　喝　我　可乐
   　　　yào hē wǒ kělè
   　　　_____。

41

（3）明天　　我们　吃　汉堡　去
　　　míngtiān wǒmen chī hànbǎo qù

　　　_____。

（4）爸爸　我　喜欢　烤鸭
　　　bàba wǒ xǐhuan kǎoyā

　　　_____。

3. 完成对话 Please complete the following dialogues

（1）A：你　吃　汉堡　吗？
　　　　 Nǐ chī hànbǎo ma?

　　　B：_____。

（2）A：你　买　什么？
　　　　 Nǐ mǎi shénme?

　　　B：_____。

（3）A：你　去　哪　个　商店 (shop)？
　　　　 Nǐ qù nǎ ge shāngdiàn?

　　　B：_____。

（4）A：去　酒吧（bar）　喝　什么？
　　　　 Qù jiǔbā hē shénme?

　　　B：_____。

（二）社会扩展活动：我的中国日记 Social activities: my Chinese diary

1. 我要说汉语 I want to speak Chinese

　　　请在校园里找到一个中国人，请他／她帮你一个忙。你问他三个跟"吃喝"有关系的问题。如果可能，请把你们的对话录音或录像。Please find a Chinese on campus who would like to help you. Ask him/her three questions related to eating and drinking. Make a record or video if possible.

2. 大学附近哪个饭馆儿最好 Which restaurant is the best around the university

　　　你们大学附近有很多饭馆儿，请你问问老师或中国朋友，他们常常去哪个饭馆儿。请他们把饭馆儿名字的拼音写在你的本子上。看看哪个饭馆儿最受欢迎。There are many restaurants around your university. Ask your Chinese teacher or friends which restaurant do you often go to? Try to find which restaurant is the most popular.

第1课　今天晚上吃什么？

七、词语库 WORDS AND EXPRESSIONS

（一）生词表 New words list

1. 喝	hē	（动）	to drink
2. 水	shuǐ	（名）	water
3. 吗	ma	（助）	a phrase-final particle used in questions
4. 我	wǒ	（代）	I, me
5. 汉堡	hànbǎo	（名）	hamburger
6. 不	bù	（副）	no, not, indicating negation
7. 想	xiǎng	（助动/动）	to want to; would like to
8. 可乐	kělè	（名）	coke, cola
9. 好	hǎo	（形）	good, fine, nice
10. 去	qù	（动）	to go
11. 买	mǎi	（动）	to buy
12. 晚上	wǎnshang	（名）	evening, night
13. 吃	chī	（动）	to eat
14. 什么	shénme	（代）	what
15. 要	yào	（助动）	to want to
16. 妈妈	māma	（名）	mom, mother
17. 菜	cài	（名）	dish
18. 今天	jīntiān	（名）	today
19. 明天	míngtiān	（名）	tomorrow
20. 哪	nǎ	（代）	which
21. 个	gè	（量）	measure word
22. 饭馆儿	fànguǎnr	（名）	restaurant
23. 吧	ba	（助）	a particle used at the end of an imperative sentence
24. 烤鸭	kǎoyā	（名）	roasted duck
25. 你	nǐ	（代）	(singular) you
26. 爸爸	bàba	（名）	dad, father
27. 喜欢	xǐhuan	（动）	to like, to be fond of
28. 的	de	（助）	a structural particle

专有名词 Proper Nouns

1. 马丁	Mǎdīng	Martin
2. 麦克	Màikè	Mike
3. 艾玛	Àimǎ	Emma
4. 中国	Zhōngguó	China

5. 全聚德	Quánjùdé	Quanjude, a famous Chinese restaurant known for its trademark Quanjude Peking Roast Duck and its longstanding culinary heritage since its establishment in 1864 in Beijing, China

（二）相关链接 Related links

查查词典，看看它们是什么意思
Look up the dictionary and find the meanings of the following words

饮料 yǐnliào drinks	意思 yìsi meaning	食物 shíwù food	意思 yìsi meaning
茶 chá		面包 miànbāo	
咖啡 kāfēi		三明治 sānmíngzhì	
牛奶 niúnǎi		薯条 shǔtiáo	
矿泉水 kuàngquánshuǐ		包子 bāozi	
啤酒 píjiǔ		饺子 jiǎozi	
白酒 báijiǔ		面条 miàntiáo	
葡萄酒 pútaojiǔ		米饭 mǐfàn	
汤 tāng		蛋糕 dàngāo	

从相关链接中选出五个对你最有用的词，写一写。Please select five useful words in the *Related links* above, and write in the following blanks.

1. _____ 2. _____ 3. _____ 4. _____ 5. _____

八、生活剪影 LIFE SKETCH

饭店 里 的 自助餐
Fàndiàn lǐ de zìzhùcān

大 的 饭店 都 有 自助 早餐。早餐 有 西餐、中餐，东西
Dà de fàndiàn dōu yǒu zìzhù zǎocān. Zǎocān yǒu xīcān zhōngcān, dōngxi
很 多。客人 可以 随便 吃，但 不 能 带走。
hěn duō. Kèrén kěyǐ suíbiàn chī, dàn bù néng dàizǒu.

饮料 yǐnliào　　　凉菜 liángcài　　　水果 shuǐguǒ　　　点心 diǎnxin
　　　　　　　　　　　　　　　　　甜品 tiánpǐn

六（一）1. "听写并朗读这些句子"答案 The answer of dictation

（1）我想喝可乐。
（2）我要吃汉堡。
（3）晚上吃什么？
（4）我们去哪个饭馆儿？
（5）你爸爸喜欢烤鸭。

第 2 课

 烤鸭最好吃

一、语言热身 LET'S WARM UP!

我的词典 MY DICTIONARY

1 找到与"我的词典"中的词语相对应的图片，然后朗读词语
Please match the words in My Dictionary with the corresponding pictures, and read these words aloud

a. 饿 / è / hungry
b. 累 / lèi / tired
c. 忙 / máng / busy
d. 热 / rè / hot
e. 好吃 / hǎochī / delicious
f. 好看 / hǎokàn / good-looking
g. 渴 / kě / thirsty
h. 辣 / là / spicy

第 2 课 烤鸭最好吃

2 小组活动：他们可能说什么。选择合适的词语，运用下面的句式问候
Pair work: what will the students talk? Please choose proper words in My Dictionary, and use the following patterns to greet

○ 句式 Patterns：

A: 你＿＿＿＿＿＿吗？
　　Nǐ＿＿＿＿＿＿ma?
B: 我 很＿＿＿＿＿。
　　Wǒ hěn＿＿＿＿＿.
　 （我不＿＿＿＿＿。）
　　Wǒ bù＿＿＿＿＿.

给老师的提示：

请老师适当总结一下形容词谓语句的用法。
Please think why there is no 是 in the answer.

3 画线连接
Please match the words in column B and column C

A	B	C		A	B	C
一	只 zhī 瓶 píng 个 ge	烤鸭 kǎoyā 啤酒 píjiǔ 可乐 kělè 米饭 mǐfàn 汉堡 hànbǎo 水 shuǐ 菜 cài 饭馆儿 fànguǎnr		一	只 zhī 瓶 píng 个 ge	烤鸭 kǎoyā 啤酒 píjiǔ 可乐 kělè 米饭 mǐfàn 汉堡 hànbǎo 水 shuǐ 菜 cài 饭馆儿 fànguǎnr

提示：

想一想B栏的词语怎么用，你能找出什么规律吗？
Think about how to use the words in Column B. Can you find any rules?

4 班级活动：问名字，交朋友
Class activity: asking names, making friends

（1）老师给每个学生发一张名卡，请在卡片上用拼音写自己的中文名字 Each student will be given a card. Please write down your Chinese name in Pinyin

47

发现：交际汉语入门（上）

Chinese Name:	麦克
Pinyin:	Màikè

（2）请用下面的句式互相询问中文名字，并把名字写在下面的横线上 Please ask your classmates how to call them in Chinese, and write down their names on the blanks

（1）_____；
（2）_____；
（3）_____；
（4）_____；
（5）_____；
（6）_____；
（7）_____；
（8）_____；
（9）_____；
（10）_____；

○ 句式 Patterns：

A： 你好！你叫什么名字？
　　Nǐ hǎo! Nǐ jiào shénme míngzi?
B： 我　叫_____。你叫　什么　名字？
　　Wǒ jiào_____. Nǐ jiào shénme míngzi?
A： 我　叫_____。
　　Wǒ jiào_____.

5 看一看，念一念：这个菜叫什么名字

Look at the pictures, do you know how to say the following dishes in Chinese

辣子鸡丁
làzi jīdīng

西兰花
xīlánhuā

烤鸭
kǎoyā

西红柿炒鸡蛋
xīhóngshì chǎo jīdàn

第 2 课　烤鸭最好吃

二、身在其中 IN THE SCENE

1 情景对话 1 Scene 1

◎（艾玛招呼服务员点菜 Emma asks the waiter to order）

（1）看图片，听一遍对话一录音。听后回答下列问题
Look at the picture and listen to the recording once. Then answer the questions

> 他们在做什么？（What are they doing?）
> 说话人在哪儿？（Where are the speakers?）

（2）听第二遍录音，一边听一边跟说。然后请根据对话内容，完成下面的句子填空
Listen to the recording for the second time, and try to repeat while listening. Then complete the following conversation according to Dialogue 1

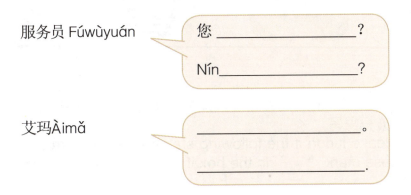

服务员 Fúwùyuán　　您＿＿＿＿＿＿＿？

　　　　　　　　　　Nín＿＿＿＿＿＿＿？

艾玛 Àimǎ　　　　　＿＿＿＿＿＿＿。

　　　　　　　　　　＿＿＿＿＿＿＿。

（3）朗读对话一：注意发音和语气
Please read Dialogue 1 aloud, and pay attention to the pronunciation and the tone

麦克： 妈妈，我饿死了。
Màikè: Māma, wǒ è sǐle.

艾玛： 我 也 很 饿。服务员，点 菜。
Àimǎ: Wǒ yě hěn è. Fúwùyuán, diǎn cài.

服务员： 好。您要 点儿 什么？
Fúwùyuán: Hǎo, nín yào diǎnr shénme?

艾玛： 来 一只 烤鸭。
Àimǎ: Lái yī zhī kǎoyā.

"来+数词+量词+菜名"：在饭馆儿点菜时的常用语，量词"个"可以用在所有的菜名之前，不过，也可以根据不同的菜使用其他量词，比如，"烤鸭"的量词也可以用"只"。"lái numeral + measure word + dish name," a common expression used when ordering foods at a restaurant. The measure word 个 can be used with almost any dish names. But of course, you can use other measure words according to specific dishes, such as (只 zhī) for roasted ducks.

2 情景对话 2 Scene 2

◎ （菜都上来了 All the dishes are on the table）

（1）听录音，麦克觉得哪个菜辣，在图片旁边标出来
Listen to the recording, and mark the dish which Mike thought spicy

( )　　　( )　　　( )　　　( )

（2）根据对话2，判断下面的说法是否正确。如果正确，请在小方框里写"√"，如果不对，请在小方框里写"×"
True or false: please judge if the following statements are correct according to Dialogue 2. Please mark "√" in the box if the statement is correct, and mark "×" if wrong

① 麦克 不 喜欢 辣子鸡丁。
　　Màikè bù xǐhuan Làzi Jīdīng.　　☐

② 麦克 喜欢 西兰花。
　　Màikè xǐhuan xīlánhuā.　　☐

③ 这 两个菜 都 很 好吃。
　　Zhè liǎng ge cài dōu hěn hǎochī.　　☐

（3）朗读对话 2：注意发音和语气
Please read Dialogue 2 aloud, and pay attention to the pronunciation and the tone

> 马丁： 麦克，这 个 菜 好吃 吗？
> Mǎdīng: Màikè, zhè ge cài hǎochī ma?
>
> 麦克： 好吃，可是 很辣。这 个 菜 叫 什么 名字？
> Màikè: Hǎochī, kěshì hěn là. Zhè ge cài jiào shénme míngzi?
>
> 马丁： 这 是 辣子鸡丁。
> Mǎdīng: Zhè shì làzi jīdīng.
>
> 麦克： 这 个 西兰花 也 很 好吃，您 尝尝。
> Màikè: Zhè ge xīlánhuā yě hěn hǎochī, nín chángchang.

3 情景对话 3 Scene 3

◎（饭吃完了 They finished the meal）

（1）请读下面的句子并排序，然后听录音，看看你做得对不对
Please read and number the following sentences, then listen to the recording, and check if you are right

( ) 哪 个 菜 最 好吃？
　　Nǎ ge cài zuì hǎochī?

( ) 太 好吃 了。我 都 喜欢。
　　Tài hǎochī le. Wǒ dōu xǐhuan.

( ) 麦克，今天 的 菜 怎么样？
　　Màikè, jīntiān de cài zěnmeyàng?

( ) 当然 是 烤鸭 了。
　　Dāngrán shì kǎoyā le.

（2）听第二遍录音，一边听一边跟说。然后请根据对话内容，完成下面的句子填空
Listen to the recording for the second time, and try to repeat while listening. Then complete the following conversation according to Dialogue 3

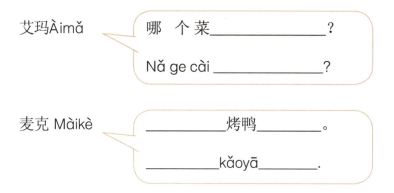

艾玛 Àimǎ：哪 个 菜 _____？
Nǎ ge cài _____？

麦克 Màikè：_____烤鸭_____。
_____kǎoyā_____.

（3）朗读对话3：注意发音和语气
Please read Dialogue 3 aloud, and pay attention to the pronunciation and the tone

艾玛： 麦克，今天 的 菜 怎么样？
Àimǎ: Màikè, jīntiān de cài zěnmeyàng?

麦克： 太 好吃 了。我 都 喜欢。
Màikè: Tài hǎochī le. Wǒ dōu xǐhuan.

艾玛： 哪 个 菜 最 好吃？
Àimǎ: Nǎ ge cài zuì hǎochī?

麦克： 当然 是 烤鸭 了。
Màikè: Dāngrán shì kǎoyā le.

"了"在句尾是语气助词，表示肯定语气。The modal particle "了" used at the end of the sentence indicates an affirmative tone.

三、发现语言现象 FINDING GRAMMAR POINTS

与同伴研究一下，下面的句子有什么特点。你还可以说出这样的句子吗？
Try to find language points in the following sentences with your partner. Could you figure out the meaning and function of the patterns by yourself? Can you make similar sentences with the points?

★ 形容词 + 死了 / 极了：表示程度极高。Adj. + sǐle/jíle: "sǐle" and "jíle" are used after the adj. to express a high degree, which can be translated as "extremely".

例：好吃 死了 / 好吃 极了。
E.g: Hǎochī sǐle/Hǎochī jíle.

辣 死了 / 辣 极了。
Là sǐle/Là jíle.

我的句子：My sentences

★ "……, 可是……" 表示转折。 "kěshì" means but, however.

例：辣子鸡丁 好吃， 可是 很 辣。
E.g: Làzi jīdīng hǎochī, kěshì hěn là.

全聚德 很 好, 可是 很 贵 (expensive)。
Quánjùdé hěn hǎo, kěshì hěn guì.

我的句子：My sentences

★ "尝（一）尝"：动词重叠,表示一种尝试或动作时间短暂。 "cháng(yi)cháng", reduplication of verbs, is used to indicate that the action is of very short duration, or to imply that what is done is just for the purpose of trying something out. "Yi" is usually neutral, and can be omitted.

例： 我 听听 (to listen) 你 的 音乐。
E.g: Wǒ tīngting nǐ de yīnyuè.

你 看一看 (to have a look) 菜单。
Nǐ kàn yi kàn càidān.

★ 用疑问词"怎么样"构成问句 The question word "zěnmeyang", which means "how about", is usually used to make questions.

发现：交际汉语入门（上）

例： A: 这 个 菜 怎么样?
E.g: 　　Zhè ge cài zěnmeyàng?

B: 太 甜 (sweet) 了。
　　Tài tián　　　　le.

A: 那 个 饭馆儿 怎么样?
　　Nà ge fànguǎnr zěnmeyàng?

B: 菜 贵 极了。
　　Cài guì jíle.

我的句子：My sentences

想一想，还有什么问题? Do you have other questions?

四、记忆、巩固和提升 MEMORIZE, CONSOLIDATE, AND UPGRADE

两人一组，先认读方框中的词语，然后互问互答。
Pair work: please recognize the expressions in the box with your partner. One ask questions according to the parts underlined, and the other answer question.

1. A: 你 饿 吗?
　　　Nǐ è ma?

   B: 我 饿 死了。
　　　Wǒ è sǐle.

   累 lèi
   忙 máng
   热 rè
   渴 kě

2. A: 您 要 点儿 什么?
　　　Nín yào diǎnr shénme?

   B: 来 一只 烤鸭。
　　　Lái yìzhī kǎoyā.

   一瓶 yì píng　　啤酒 píjiǔ
   三个 sān ge　　米饭 mǐfàn

3. A: 这 个 菜 好吃 吗?
　　　Zhè ge cài hǎochī ma?

   B: 好吃，可是 很 辣。
　　　Hǎochī kěshì hěn là.

   酸 (sour) suān
   甜 tián
   咸 (salty) xián

54

4. A: 这 个 菜 叫 什么 名字?
　　　Zhè ge cài jiào shénme míngzi?

> 你 nǐ
> 你的朋友 nǐ de péngyou

5. A: 你 尝尝。
　　　Nǐ chángchang.

> 说说 (to talk) shuōshuo
> 问问 (to ask) wènwen

6. A: 这 个 菜 怎么样?
　　　Zhè ge cài zěmeyàng?

> 这本书 zhè běn shū 好看 hǎokàn
> 这个饭馆儿 zhè ge fànguǎnr 好 hǎo

　　B: 很 好吃。
　　　Hěn hǎochī.

五、用汉语完成任务 TASKS IN CHINESE

（一）班级采访：询问至少三个同学下列问题，然后填表 Class Interview: please ask at least three students the following questions, and fill in the form with their answers

（1） 你 吃 烤鸭/辣子鸡丁/西兰花 …… 吗?
　　　Nǐ chī kǎoyā/làzi jīdīng/xīlánhuā …… ma?

（2） 那 个 菜 好吃 吗?
　　　Nà ge cài hǎochī ma?

（3） 烤鸭、辣子鸡丁、西兰花，哪个 菜 最 好吃?
　　　Kǎoyā, làzi jīdīng, xīlánhuā, nǎ ge cài zuì hǎochī?

（4） 你 喜欢 哪个 菜?
　　　Nǐ xǐhuan nǎ ge cài?

问题 名字	你吃……吗?	那个菜好吃吗?	哪个菜最好吃?	你喜欢哪个菜?
1.				
2.				
3.				

提示词 Cue words: 我不知道（zhīdao）I don't know.

（二）小组活动：我们吃中国菜的体会 Pair work: our experiences of eating Chinese food

1. 请想一想你们吃过哪些中国菜，如果还记得菜名的话，请用拼音把菜名写下来
   Try to recall the names of Chinese dishes you and your partner have had. Write down the names in pinyin

2. 请想一想你们吃过的中国菜的味道，然后填空
   Try to recall the tastes of the Chinese dishes you have had. Fill in the blanks then

   ＿＿＿＿＿很辣，＿＿＿＿＿很甜，＿＿＿＿＿很咸，＿＿＿＿＿很
   ＿＿＿＿＿hěn là,＿＿＿＿＿hěn tián,＿＿＿＿＿hěn xián,＿＿＿＿＿hěn

   酸，＿＿＿＿＿最好吃，你们 尝尝 吧。
   suān,＿＿＿＿＿zuì hǎochī, nǐmen chángchang ba.

3. 向老师或全班汇报你们吃中国菜的体会
   Tell the class or your teacher your experiences of having Chinese food

（三）小组活动：一位难以满足的客人 Pair work: an insatiable customer

假如你是一位非常难以满足的客人。有一天，一位朋友请你去吃饭，你对所有的建议都表示不满意，请用"可是"表达自己的意见 Pretend to be an insatiable customer. One day, a friend is asking to treat you a dinner. But you are not satisfied with all suggestions. Try to express your opinions with "kěshì"

例： A：我们 今天 吃 汉堡， 怎么样？
E.g.: Wǒmen jīntiān chī hànbǎo, zěnmeyàng?
B：我 喜欢 吃 汉堡， 可是 今天 我 想 吃 中国菜。
Wǒ xǐhuan chī hànbǎo, kěshì jīntiān wǒ xiǎng chī Zhōngguócài.

1. A：那 我们 去 那个 北京 饭馆儿，怎么样？
   Nà wǒmen qù nà ge Běijīng fànguǎnr, zěnmeyàng?
   B：那 个 饭馆儿 很 好，可是＿＿＿＿＿，我 最 喜欢 吃 烤鸭。
   Nà ge fànguǎnr hěn hǎo, kěshì ＿＿＿＿＿ wǒ zuì xǐhuan chī kǎoyā.

2. A：那 我们 去 全聚德， 怎么样？
   Nà wǒmen qù Quánjùdé, zěnmeyàng?
   B：全聚德 很 好，可是＿＿＿＿＿。
   Quánjùdé hěn hǎo, kěshì＿＿＿＿＿.

3. A：来 一 个 辣子鸡丁， 怎么样？
   Lái yí ge làzi jīdīng, zěnmeyàng?
   B：这 个菜 很 好吃， 可是＿＿＿＿＿。
   Zhè ge cài hěn hǎochī, kěshì＿＿＿＿＿.

4. A：你 想 喝 什么？来 一 瓶 橙汁， 怎么样？
   Nǐ xiǎng hē shénme? Lái yì píng chéngzhī, zěnmeyàng?
   B：橙汁 很 好，可是＿＿＿＿＿。
   Chéngzhī hěn hǎo, kěshì＿＿＿＿＿.

5. A：那 我们 要 两 杯 咖啡 吧。
　　　Nà wǒmen yào liǎng bēi kāfēi ba.

　　B：谢谢 你，可是_____。
　　　Xièxie nǐ, kěshì_____.

6. A：这 三 个 菜 都 好吃 极了，你 不 喜欢 吗？
　　　Zhè sān ge cài dōu hǎochī jíle, nǐ bù xǐhuan ma?

　　B：我 都 很 喜欢，可是_____。
　　　Wǒ dōu hěn xǐhuan, kěshì_____.

六、用语言做事 REAL LIFE ACTIVITIES

（一）语言准备 Language preparation

1. 听写并朗读这些句子 Dictation: please write down the sentences, read aloud and memorize them

　（1）_____。

　（2）_____。

　（3）_____。

　（4）_____。

　（5）_____。

　（6）_____。

2. 把下列词语组成合适的句子 Make appropriate sentences with the following words

　（1）三 个 来 米饭
　　　sān ge lái mǐfàn
　　　_____。

　（2）什么 叫 菜 这 个 名字
　　　shénme jiào cài zhè ge míngzi
　　　_____。

　（3）好吃 烤鸭 这 个 非常
　　　hǎochī kǎoyā zhè ge fēicháng
　　　_____。

（4）最 哪 菜 好吃 个
zuì nǎ cài hǎochī ge

_____。

3. 完成对话 Complete the following dialogues

（1）A：这 个 菜 咸 吗?
Zhè ge cài xián ma?

B：_____。

（2）A：你 想 喝 什么?
Nǐ xiǎng hē shénme?

B：_____。

（3）A：这 个 菜 叫 什么 名字?
Zhè ge cài jiào shénme míngzi?

B：_____。

（4）A：哪 个 菜 最 好吃?
Nǎ ge cài zuì hǎochī?

B：_____。

（二）社会扩展活动：我的中国日记 Social activities: my Chinese diary

1. 我的中国菜单：餐饮大冒险 My Chinese menu: a risk on eating

请你到一个中餐厅点一个没吃过的菜。你要跟服务员用汉语询问这个菜的情况，然后点菜。请给菜单和这个菜各拍一张照片。吃完饭以后，请填写下面的信息 Please go to a Chinese restaurant and order a dish that you have never had. Try to ask the waiter/waitress about the dish, and order in Chinese. Take pictures of the menu and the dish. Please offer the following information of the dish after eating

（1）饭馆儿 的 名字：_____
Fànguǎnr de míngzi:

（2）这 个 菜的 名字：_____
Zhè ge cài de míngzi:

（3）这 个 菜 辣 吗? _____
Zhè ge cài là ma?

（4） 这 个 菜 怎么样? _____
Zhè ge cài zěnmeyàng?

（5） 你 喜欢 这 个 菜 吗? _____
Nǐ xǐhuan zhè ge cài ma?

七、词语库 WORDS AND EXPRESSIONS

（一）生词表 New words list

1.	饿	è	（形）	hungry
2.	死了	sǐle		(a complement of degree, used after an adjective or a verb) extremely
3.	也	yě	（副）	also, too, as well
4.	很	hěn	（副）	very, quite
5.	服务员	fúwùyuán	（名）	waiter/waitress
6.	点	diǎn	（动）	to order from the menu
7.	您	nín	（代）	you (polite form of addressing one person)
8.	要	yào	（动）	to want (something)
9.	（一）点儿	(yī) diǎnr	（量）	a little, some
10.	来	lái	（动）	to order (followed by food or drink with numeral)
11.	一	yī	（数）	one
12.	只	zhī	（量）	measure word for (animals, etc.)
13.	这	zhè	（代）	this
14.	好吃	hǎochī	（形）	delicious
15.	可是	kěshì	（连）	but, however
16.	辣	là	（形）	(of taste) peppery hot
17.	叫	jiào	（动）	to name, to be called
18.	名字	míngzi	（名）	name
19.	是	shì	（动）	to be
20.	西兰花	xīlánhuā	（名）	broccoli
21.	尝	cháng	（动）	to taste, to try the flavor of
22.	怎么样	zěnmeyàng		how about, what about restaurant
23.	太	tài	（副）	too, excessively
24.	都	dōu	（副）	all
25.	最	zuì	（副）	the most
26.	当然	dāngrán	（副）	as it should be, certainly, of course

专有名词 Proper Nouns

辣子鸡丁　　làzi jīdīng　　a Chinese dish, stir-fried diced chicken dices with hot chili

（二）相关链接 Related links

查查词典，看看它们是什么意思
Look up the dictionary and find out the meanings of the following words

蔬菜 shūcài vegetables	意思 yìsi meaning	食物 shíwù food	意思 yìsi meaning
西红柿 xīhóngshì		猪肉 zhūròu	
土豆 tǔdòu		羊肉 yángròu	
生菜 shēngcài		牛肉 niúròu	
芹菜 qíncài		鸡 jī	
胡萝卜 húluóbo		鸭 yā	
洋葱 yángcōng		海鲜 hǎixiān	
青椒 qīngjiāo		鱼 yú	
西兰花 xīlánhuā		虾 xiā	
香菜 xiāngcài		龙虾 lóngxiā	

从相关链接中选出五个对你最有用的词，写一写 Please select five useful words in the *Related links* above, and write in the following blanks

1. _____ 2. _____ 3. _____ 4. _____ 5. _____

八、生活剪影 LIFE SKETCH

烤鸭 很 有名
Kǎoyā hěn yǒumíng

烤鸭 是 北京 最 有名 的 一 道 菜。来 北京 的 游客,不管 是
Kǎoyā shì Běijīng zuì yǒumíng de yí dào cài. Lái Běijīng de yóukè, bùguǎn shì
中国 人 还是 外国人,都 要 爬一爬 长城, 看 一 看 故宫,
Zhōngguó rén háishi wàiguó rén, dōu yào pá yi pá Chángchéng, kàn yi kàn Gùgōng,
尝 一 尝 烤鸭。你 知道 怎么 吃 烤鸭吗?
cháng yi cháng kǎoyā. Nǐ zhīdao zěnme chī kǎoyā ma?

一只烤鸭 yì zhī kǎoyā

一套烤鸭 yí tào kǎoyā

鸭肉 yāròu

现在可以吃了 xiànzài kěyǐ chī le

六(一)1. "听写并朗读这些句子"答案 The answer of dictation

(1) 我饿死了。
(2) 来一只烤鸭。
(3) 好吃,可是很辣。
(4) 这个菜叫什么名字?
(5) 你尝尝。
(6) 今天的菜怎么样?

第 3 课

 你吃饱了吗？

一、语言热身 LET'S WARM UP!

我的词典 MY DICTIONARY 1

1 找到与"我的词典"中的词语相对应的图片，然后朗读词语
Match the words in My Dictionary with the corresponding pictures, and read these words aloud

a. 米饭 / mǐfàn / rice
b. 菜 / cài / dish
c. 点菜 / diǎn cài / to order food
d. 服务员 / fúwùyuán / waiter, waitress
e. 饿 / è / hungry
f. 饱 / bǎo / to be full
g. 结账 / jié zhàng / to pay the bill
h. 打包 / dǎ bāo / to pack the rest dished after meal

2 怎么说数字 1—10 How to say numbers 1—10 in Chinese

（1）看表学数字 1—10 Look at the following form and learn numbers 1 to 10

1	2	3	4	5	6	7	8	9	10
yī	èr	sān	sì	wǔ	liù	qī	bā	jiǔ	shí
一	二	三	四	五	六	七	八	九	十

❶ 请老师准备数字卡片，带领学生反复练习，注意数字的发音和声调。
❷ 看看下面这些手势，猜一猜他们代表哪个数字。

（2）小组活动："你说我做" Pair work：you order, I do

中国人的数字手势
Chinese number gestures

 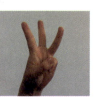

一　　二　　三

 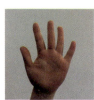 

四　　五　　六

七　八　九　　十

两位同学一组，一个人说数字，另一个人做相应的手势。或者一个人做手势，另一个同学快速说出相应的数字来。看看哪组同学合作得最好。Two students do by turns. One says numbers in Chinese, and the other makes fingers. Then one makes fingers, and the other says numbers in Chinese quickly. Try to be exact and fast. Let's see which pair are the best.

（3） 请说说你的电话号码 May I know your telephone number?

看数字，说一说你的电话号码。Look at the numbers and try to say your telephone number in Chinese.

我的词典 MY DICTIONARY 2

i. 电话 / diànhuà / telephone
j. 号码 / hàomǎ / number

3 怎么说数字 11—999 How to say numbers 11—999 in Chinese

11	12	13	14	15
shíyī	shí'èr	shísān	shísì	shíwǔ
16	17	18	19	20
shíliù	shíqī	shíbā	shíjiǔ	èrshí
21	22	23	30	100
èrshíyī	èrshí'èr	èrshísān	sānshí	yìbǎi
101	102	110	111	120
yìbǎi língyī	yìbǎi líng'èr	yìbǎi yīshí	yìbǎi yīshíyī	yìbǎi èrshí
122	268	520	803	999
yìbǎi èrshí'èr	èrbǎi liùshíbā	wǔbǎi'èrshí	bābǎi língsān	jiǔbǎi jiǔshíjiǔ

发现：交际汉语入门（上）

练习：下面的数字怎么说？请用汉语拼音写下来
Exercise：Please read the following numbers aloud, and write down their pinyin on the blanks

35	58	71	96	125	221
____	____	____	____	____	____

4 人民币怎么说 How to express RMB

（1）看看下面的人民币，你知道是多少钱吗？
Let's look at the following RMB. Do you know them?

（2）读一读，算一算：上面这些钱，一共多少钱？
Read the money above aloud, and calculate: what is the sum?

（3）读一读下面的钱数 Read the following amount of money aloud

￥0.5	五毛	wǔ máo
￥1.00	一块	yí kuài
￥18.80	十八块 八（毛）	shíbā kuài bā(máo)
￥204.00	二百零四块	èrbǎi líng sì kuài

第 3 课　你吃饱了吗？

二、身在其中 IN THE SCENE

1 情景对话 1 Scene 1

◎（饭后艾玛招呼服务员结账 Ask the waiter to pay the bill after meal）

（1）看图片，听一遍对话一录音。听后回答下列问题
　　 Look at the picture and listen to the recording. Then answer the questions

> 说话人在哪儿？（Where are the speakers?）
> 他们在做什么？（What are they doing?）

（2）听第二遍录音，一边听一边跟说。然后请根据对话内容，完成下面的句子填空
　　 Listen to the recording for the second time, and try to repeat while listening. Then complete the following conversation according to Dialogue 1

服务员 Fúwùyuán　　好，一共_____？
　　　　　　　　　　Hǎo, yígòng_____?

艾玛 Àimǎ　　　　　给 你_____。
　　　　　　　　　　Gěi nǐ_____.

（3）朗读对话 1：注意发音和语气
Please read Dialogue 1 aloud, and pay attention to the pronunciation and the tone

艾玛： Àimǎ:	服务员，请 结 账。 Fúwùyuán, qǐng jié zhàng.
服务员： Fúwùyuán:	好，一共 二百 六十六 块 钱。 Hǎo, yígòng èrbǎi liùshíliù kuài qián.
艾玛： Àimǎ:	给 你 三百。 Gěi nǐ sānbǎi.
服务员： Fúwùyuán:	好，请 等 一下儿。 Hǎo, qǐng děng yíxiàr.

2 情景对话 2 Scene 2

◎（饭后的剩菜怎么办？ How do we do with the leftover?）

（1）听录音，服务员找他们多少钱，在下边标出来
Listen to the recording, and mark the right change which the waiter gave

（　　）　　　　（　　）　　　　（　　）　　　　（　　）

（2）听第二遍录音，一边听一边跟说。然后请根据对话内容，完成下面的句子填空
Listen to the recording for the second time, and try to repeat while listening. Then complete the following conversation according to Dialogue 2

服务员 Fúwùyuán　　找 您 三十四 块。_____?
　　　　　　　　　　Zhǎo nín sānshísì kuài._____?

艾玛 Àimǎ

_____.

（3）朗读对话2：注意发音和语气
Please read Dialogue 2 aloud, and pay attention to the pronunciation and the tone

服务员： Fúwùyuán:	找 您 三十四 块。要 打 包 吗？ Zhǎo nín sānshísì kuài. Yào dǎbāo ma?
艾玛： Àimǎ:	不用 打 包。 Búyòng dǎ bāo.
服务员： Fúwùyuán:	欢迎 再 来。 Huānyíng zài lái.
艾玛： Àimǎ:	谢谢！再见。 Xièxie! Zàijiàn.

3 情景对话3 Scene 3

◎（谈论饭后感觉和评价 Talk about the dishes after meal）

（1）请读下面的句子并排序，然后听录音，看看你做得对不对
Please read and number the following sentences, then listen to the recording, and check if you are right

( ) 麦克，你 吃饱 了 吗？
　　 Màikè， nǐ chībǎo le ma？

( ) 我们 回 宾馆 吧，今天 太 累 了。
　　 Wǒmen huí bīnguǎn ba， jīntiān tài lèi le.

( ) 吃饱 了，您 看，烤鸭 都 吃完 了。
　　 Chībǎo le， nín kàn， kǎoyā dōu chīwán le.

( ) 全聚德 的 烤鸭 真 不错。
　　 Quánjùdé de kǎoyā zhēn búcuò.

（2）听第二遍录音，一边听一边跟说。然后请根据对话内容，完成下面的句子填空
Listen to the recording for the second time, and try to repeat while listening. Then complete the following conversation according to Dialogue 3

马丁 Mǎdīng： 麦克，你_____了吗？
　　　　　　　Màikè， nǐ_____le ma？

麦克 Màikè： 吃饱 了，您 看，烤鸭 都_____了。
　　　　　　　Chībǎo le， nín kàn， kǎoyā dōu_____le.

（3）根据对话3，判断下面的说法是否正确
True or false: please judge if the following statements are correct according to Dialogue 3

① 全聚德 的 烤鸭 很 好吃。　☐
　 Quánjùdé de kǎoyā hěn hǎochī.

② 麦克 喜欢 烤鸭。　☐
　 Màikè xǐhuan kǎoyā.

③ 麦克 和 爸爸 在 宾馆 吃 烤鸭。　☐
　 Màikè hé bàba zài bīnguǎn chī kǎoyā.

（3）朗读对话 3：注意发音和语气
Please read Dialogue 3 aloud, and pay attention to the pronunciation and the tone

麦 克： 全聚德 的 烤鸭 真 不错。
Màikè: Quánjùdé de kǎoyā zhēn búcuò.

马 丁： 麦克， 你 吃饱 了 吗？
Mǎdīng: Màikè, nǐ chībǎo le ma?

麦 克： 吃饱 了。 您 看，烤鸭 都 吃完 了。
Màikè: Chībǎo le. nín kàn, kǎoyā dōu chīwán le.

马 丁： 我们 回 宾馆 吧， 今天 太 累 了。
Mǎdīng: Wǒmen huí bīnguǎn ba, jīntiān tài lèi le.

三、发现语言现象 FINDING GRAMMAR POINTS

与同伴研究一下，下面的句子有什么特点。你还可以说出这样的句子吗？
Try to find language points in the following sentences with your partner. Could you figure out the meaning and function of the patterns by yourself? Can you make similar sentences with the points?

★ 给 (gěi) + 人 + 物 To give somebody something
找 (zhǎo) + 人 + 钱 To give somebody change

给 你 钱。
Gěi nǐ qián.

给 我 菜单 (menu)。
Gěi wǒ càidān.

找 您 三十四 块。
Zhǎo nín sānshísì kuài.

我的句子：My sentences

★ 动词 + 一下儿 (yíxiàr)，表示时间短暂 The expression "yíxiàr 一下儿" is used after verbs, to indicate that the action is short and brief, sometimes is used to soften the tone.

小 王， 你 来 一下儿。
Xiǎo Wáng, nǐ lái yíxiàr.

我 介绍 (to introduce) 一下儿， 这 是 我 哥哥。
Wǒ jièshào yíxiàr, zhè shì wǒ gēge.

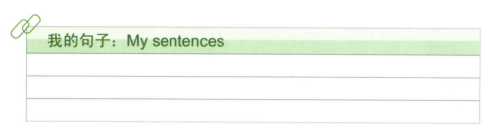

★ 助动词 "不用" + 动词 The auxiliary verb "búyòng 不用" is used before verbs to indicate "not have to"

这些 东西 不用 打 包。
Zhèxiē dōngxi búyòng dǎ bāo.

不用 写 (write), 说 (speak) 一下儿 就 行 了。
Búyòng xiě, shuō yíxiàr jiù xíng le.

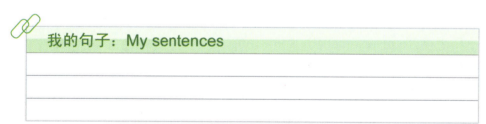

★ 动词 + 动词 / 形容词 + 了：后一动词或形容词表示前一个动词的结果 The pattern is "S + V1 + V2/adj. + 了". The previous verb is the main action of the whole sentence, and the latter verb or adj. is the result of the main action

我 吃完 了。
Wǒ chīwán le.

今天 玩累 了。
Jīntiān wánlèi le.

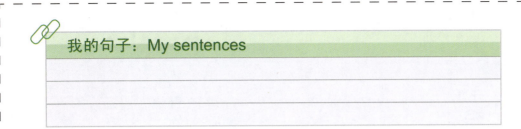

★ "了1",表示动作的结束或事情的完成。The aspect particle "le" is after a verb, and indicates that the action is accomplished, or things are done.

马丁　买了　三　瓶　可乐。
Mǎdīng mǎile sān píng kělè.

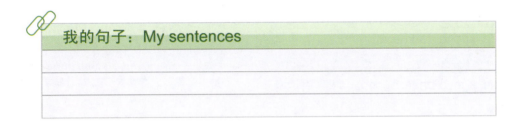

想一想,还有什么问题？Do you have other questions?

四、记忆、巩固和提升 MEMORIZE, CONSOLIDATE, AND UPGRADE

两人一组,先认读方框中的词语,然后互问互答。
Pair work: please recognize the expressions in the box with your partner. One asks questions according to the parts underlined, and the other answers.

1. A: 请　结　账。
　　　Qǐng jié zhàng.

　 B: 一共　二百 六十六 块　钱。
　　　Yígòng èrbǎi liùshíliù kuài qián.

> 25.00 块 èrshíwǔ kuài(qián)
> 69.80 块 liùshíjiǔ kuài bāmáo(qián)
> 366.99 块 sānbǎi liùshíliù kuài jiǔmáojiǔfēn(qián)

2. A: 给 你 三百 块。
   　　Gěi nǐ sānbǎi kuài.

   B: 好 的。
   　　Hǎo de.

   > 钱 qián
   > 发票 (receipt) fāpiào
   > 饮料 (drink) yǐnliào

3. A: 请 等 一下儿。
   　　Qǐng děng yíxiàr.

   B: 好 的。
   　　Hǎo de.

   > 尝 (to taste) cháng
   > 看 kàn
   > 想 (to think of) xiǎng

4. A: 您 要 打包 吗?
   　　Nín yào dǎ bāo ma?

   B: 不用 打 包。
   　　Búyòng dǎ bāo.

   > 去 qù
   > 说 (to speak) shuō
   > 写 (to write) xiě

5. A: 全聚德 的 烤鸭 怎么样?
   　　Quánjùdé de kǎoyā zěnmeyàng?

   B: 全聚德 的 烤鸭 真 不错。
   　　Quánjùdé de kǎoyā zhēn búcuò.

   > 今天的饺子 Jīntiān de jiǎozi
   > 这儿的牛排 (steak) zhèr de niúpái

6. A: 你 吃饱 了 吗?
   　　Nǐ chībǎo le ma?

   B: 我 吃饱 了。
   　　Wǒ chībǎo le.

   > 吃完 chīwán
   > 玩累 wánlèi
   > 听懂 (to understand) tīngdǒng

五、用汉语完成任务 TASKS IN CHINESE

（一）活动：我的商店我做主 Activity: my store, my decision

1. 你是一个商店的老板。第二栏里是你的买价，请你在第三栏里写上卖价
   You own a grocery. Your buying prices are in the second column. Please fill your selling prices in the third column

商品 commodities	买价 buying prices	卖价 selling prices
烤鸭 kǎoyā	￥68	￥98

第 3 课　你吃饱了吗?

西兰花 xīlánhuā	￥18	
香蕉 xiāngjiāo	￥4.30	
啤酒 píjiǔ	￥4.00	
汉堡 hànbǎo	￥10.50	
橙子 chéngzi	￥5.99	
可口可乐 kěkǒu kělè	￥2.50	

2. 班级活动： 请用下面的句式问问别的同学，他们的商店这些东西多少钱。请你最少问三个同学，然后标出来卖价最高的商店，以及卖价最低的商店
Group work: please use the following patterns to ask the prices of the goods above in the stores of your classmates. Please ask at lease three of your classmates. Then mark the stores of which the selling prices are the lowest and the highest

A： 你好! 烤鸭 多少 钱?
　　 Nǐ hǎo! Kǎoyā duōshao qián?

B： 烤鸭 九十八 块 钱。
　　 Kǎoyā jiǔshíbā kuài qián.

商品 commodities	你的商店的价格 Prices of your store	Prices of other stores		
		Store 1	Store 2	Store 3
烤鸭 kǎoyā	¥98			
西兰花 xīlánhuā				
香蕉 xiāngjiāo				
啤酒 píjiǔ				
汉堡 hànbǎo				
橙子 chéngzi				
可口可乐 kěkǒu kělè				

第 3 课　你吃饱了吗？

（二）小组活动：算算一共多少钱？ Pair work：let's calculate!

1. 小组活动：看图框里的价格，用这些价格练习下面四个问题
   Pair work: Please practice the following four questions with your partner according to the information in the following box

烤鸭：	kǎoyā	¥68.00
汉堡：	hànbǎo	¥10.50
西兰花：	xīlánhuā	¥18.00
啤酒：	píjiǔ	¥12.00
饺子：	jiǎozi	¥15.00
米饭：	mǐfàn	¥2.00

   （1）……多少钱？
   　　 …… duōshao qián?

   （2）你吃……和……，一共多少钱？
   　　 Nǐ chī …… hé ……, yígòng duōshao qián?

   （3）你给服务员100块，他找你多少？
   　　 Nǐ gěi fúwùyuán yìbǎi kuài, tā zhǎo nǐ duōshao?

   （4）你喜欢打包吗？
   　　 Nǐ xǐhuan dǎ bāo ma?

2. 根据上面图框中的价格，填写下面的表格
   Please fill in the following form according to the prices in the box above

   1) 请自己完成表格中第二行"烤鸭/饺子"的四个问题 Please answer the four questions on the second line with "kǎoyā" and "jiǎozi" by yourself

   2) 分别从上面图框中选两样，填在下表中 Please choose two items from the box above, and fill in the following form

   3) 根据你选择的食物或饮料，询问两个同学这四个问题，把他们的答案填写在表格中 Ask two classmates the four questions with the food or drink you choose, and fill in the blanks with their answers

问题 食物/饮料	……多少钱？	你吃……和……，一共多少钱？	你给服务员100块，他找你多少？	你喜欢打包吗？
1. 烤鸭 　 饺子	¥_____ ¥_____			
2. _____ 　 _____	¥_____ ¥_____			
3. _____ 　 _____	¥_____ ¥_____			

3. 根据上面表格的内容，介绍一下某个同学在饭馆吃饭的情况
   Please introduce a friend's meal with the information in the box above

   我 吃_____, 喝_____, 一共_____钱。我 给 服务员_____钱， 服务员
   Wǒ chī_____, hē_____, yígòng_____qián. Wǒ gěi fúwùyuán_____qián, fúwùyuán

   找 我_____钱。
   zhǎo wǒ_____qián.

（三）小品剧练习："A 和 B 在中国饭馆儿" Role play: in the Chinese restaurant

1. 角色（Roles）

   A 和 B 是朋友，他们要去饭馆儿吃饭。C 是服务员。A and B are friends. They are going to dine in a restaurant, C is a waiter/waitress.

2. 场景（Situations）

   ① A 和 B 讨论吃什么，去哪儿吃饭 A and B are talking about where they are going for supper, and what dishes to eat
   ② 在饭馆儿点菜 Order food in the restaurant
   ③ 一边吃饭一边讨论饭菜怎么样 Talk about the food while eating
   ④ 结账并打包 Pay the bill and pack the leftover

3. 提示词：请尽量用到下面的这些词 Cue words: try to use the following words in your dialogue

   想　　要　　喜欢　　什么　　哪个　　来一个
   Xiǎng　yào　xǐhuan　shénme　nǎ ge　lái yí ge

   吃饱　　了　　怎么样　……死了/极了　最 好吃　可是
   chībǎo　le　zěnmeyàng　……sǐle/jíle　zuì hǎochī　kěshì

   一共　　多少 钱　　找 钱　　欢迎 再 来
   Yígòng　duōshao qián　zhǎo qián　huānyíng zài lái

第 3 课　你吃饱了吗？

六、用语言做事 REAL LIFE ACTIVITIES

（一）语言准备 Language preparation

1. 听写并朗读这些句子 Dictation: please write down the sentences, read aloud and memorize them

    （1）_____。

    （2）_____。

    （3）_____。

    （4）_____。

    （5）_____。

2. 把下列词语组成合适的句子 Make appropriate sentences with the following words

    （1）二百　钱　一共　六十六　块
    　　èrbǎi　qián　yígòng　liùshíliù　kuài

    _____。

    （2）你　找　三十五　块
    　　nǐ　zhǎo　sānshíwǔ　kuài

    _____。

    （3）不错　的　烤鸭　全聚德　真
    　　búcuò　de　kǎoyā　Quánjùdé　zhēn

    _____。

    （4）都　我们　吃饱　了
    　　dōu　wǒmen　chībǎo　le

    _____。

3. 完成对话 Please complete the following dialogues

    （1）A：一共　多少　钱？
    　　　　Yígòng　duōshao　qián?

    　　B：_____。

（2） A：要　　打包　吗?
　　　　Yào　dǎ bāo ma?

　　　B：_____。

（3） A：你　吃饱　了　吗?
　　　　Nǐ　chībǎo le　ma?

　　　B：_____。

（4） A：牛奶　　喝完　了　吗?
　　　　Niúnǎi　hēwán le　ma?

　　　B：_____。

（二）社会实践活动 Social activities

1. 中国的 10 块钱能买什么 What can you buy with 10 yuan

　　请用 10 块钱买一些你需要的东西，越多越好。请把购物小票保留下来，下次课给大家看看。Please buy something you need by 10 yuan, the more the better. Keep the receipt to show your class.

2. 我的周末大餐 My weekend's meal

　　这个周末跟朋友去一个饭馆儿吃一顿大餐。请用汉语点菜，用汉语询问菜的情况，并用汉语结账。最后请服务员评价一下你的汉语怎么样，请把服务员的话录音或录像，并保留这顿饭的账单。Have a big meal with friends in a restaurant. Try to order in Chinese, ask questions in Chinese, and pay the bill in Chinese. Please ask the waiter / waitress to evaluate your Chinese in simple sentences. Tape or video what the waiter / waitress said, and keep the receipt.

七、词语库 WORDS AND EXPRESSIONS

（一）生词表 New words list

1. 请	qǐng	（动）	(polite speech) please
2. 结账	jié zhàng		checkout
3. 一共	yígòng	（副）	altogether, in all
4. 二	èr	（数）	two
5. 百	bǎi	（数）	hundred
6. 六	liù	（数）	six

第 3 课　你吃饱了吗？

7. 十	shí	（数）	ten	
8. 块	kuài	（量）	yuan, Chinese monetary unit	
9. 钱	qián	（名）	money	
10. 给	gěi	（动）	to give	
11. 三	sān	（数）	three	
12. 等	děng	（动）	to wait	
13. 一下儿	yíxiàr		used after a verb implying that the action is short and quick	
14. 找	zhǎo	（动）	to give change	
15. 四	sì	（数）	four	
16. 打包	dǎ bāo		to pack (the rest dishes after meal)	
17. 不用	búyòng	（副）	need not, not have to	
18. 欢迎	huānyíng	（动）	to welcome, to greet with joy	
19. 再	zài	（副）	again	
20. 谢谢	xièxie	（动）	thanks, thank you	
21. 再见	zàijiàn	（动）	goodbye, see you	
22. 真	zhēn	（副）	really, indeed	
23. 不错	búcuò	（形）	pretty good	
24. 饱	bǎo	（形）	to be full	
25. 了	le	（助）	a modal particle used to indicate that the action is accomplished	
26. 看	kàn	（动）	to take a look	
27. 完	wán	（动）	to complete, to finish	
28. 回	huí	（动）	to return, to go back to	
29. 宾馆	bīnguǎn	（名）	guesthouse, hotel	
30. 累	lèi	（形）	tired	

（二）相关链接 Related links

查查词典，看看它们是什么意思。
Look up the dictionary and find the meanings of the following words

餐具 cānjù tableware	意思 yìsi meaning	餐厅用品 cāntīng yòngpǐn restaurant article	意思 yìsi meaning
筷子 kuàizi		桌子 zhuōzi	
盘子 pánzi		椅子 yǐzi	
叉子 chāzi		快餐盒 kuàicānhé	

发现：交际汉语入门（上）

碗 wǎn 餐巾纸 cānjīnzhǐ

勺子 sháozi 食品袋 shípǐndài

杯子 bēizi 发票 fāpiào

从相关链接中选出五个对你最有用的词，写一写 Please select five useful words in the *Related links* above, and write in the following blanks

1. _____ 2. _____ 3. _____ 4. _____ 5. _____

八、生活剪影 LIFE SKETCH

（一）打包
Dǎ bāo

中国 人 好 面子， 如果 请 人 在 饭馆儿 吃饭，一般 点 菜
Zhōngguó rén hào miànzi, rúguǒ qǐng rén zài fànguǎnr chī fàn, yìbān diǎn cài
点 得 比较 多， 这样 剩下 的 也 很 多。为了 不 浪费，一般 打包
diǎn de bǐjiào duō, Zhèyàng shèngxià de yě hěn duō. Wèile bú làngfèi, yìbān dǎ bāo
带走。
dàizǒu.

（二）洋 快餐 在 中国
Yáng kuàicān zài Zhōngguó

现在， 洋 快餐 在 中国 越来越多。 很多 中国 人， 除了
Xiànzài, yáng kuàicān zài Zhōngguó yuè lái yuè duō. Hěn duō hōngguó rén, chúle
喜欢 吃 中国 菜 以外， 还 喜欢吃西式快餐。 比如，小孩子 过生日
xǐhuan chī Zhōngguó cài yǐwài, hái xǐhuan chī xīshì kuàicān. Bǐrú, xiǎo háizi guò shēngrì

第 3 课　你吃饱了吗？

的 时候， 会 去 麦当劳 或者 肯德基。 年轻人 谈恋爱， 喜欢
de shíhou, huì qù Màidāngláo huòzhě Kěndéjī. Niánqīng rén tán liàn'ài, xǐhuan
到 必胜客。 很多 在 公司 工作 的 年轻人， 也 经常 会 到 附近
dào Bìshèngkè. Hěn duō zài gōngsī gōngzuò de niánqīng rén, yě jīngcháng huì dào fùjìn
的 星巴克 买 一 杯 咖啡 或者 吃 早餐。
de Xīngbākè mǎi yì bēi Kāfēi huòzhě chī zǎocān.

必胜客 Bìshèngkè (Pizzahut)

星巴克 Xīngbākè (Starbucks)

麦当劳 Màidāngláo (McDonald's)

肯德基 Kěndéjī (Kentucky Fried Chicken)

六(一)1. "听写并朗读这些句子"答案 The answer of dictation

(1) 我想喝可乐。
(2) 我要吃汉堡。
(3) 晚上吃什么?
(4) 我们去哪个饭馆儿?
(5) 你爸爸喜欢烤鸭。

第 4 课

 包子是甜的还是咸的？

一、语言热身 LET'S WARM UP!

我的词典 MY DICTIONARY

1. 找到与"我的词典"中的词语相对应的图片，然后朗读词语
   Please match the words in My Dictionary with the corresponding pictures, and read these words aloud

   a. 包子 / bāozi / steamed buns with stuffing
   b. 煎鸡蛋 / jiān jīdàn / a fried egg
   c. 面包 / miànbāo / bread
   d. 肉 / ròu / meat
   e. 麦片粥 / zàipianzhōu / oatmeal gruel
   f. 牛奶 / niúnǎi / milk
   g. 果汁儿 / guǒzhīr / fruit juice
   h. 豆浆 / dòujiāng / soybean milk
   i. 中餐 / zhōngcān / Chinese food
   j. 西餐 / xīcān / Western-style food

发现：交际汉语入门（上）

2 课堂活动：看看你有什么
Activity: let's see what you have

（1）请看下面表格中的内容，如果你有，请在括号中写"+"；如果你没有，请在括号中写"-"
Please check the items in the following box, mark "+" in the brackets if you have, and "-" if you don't have

我的回答 My answers	哥哥（　） gēge	中国朋友（　） Zhōngguó péngyou	中文名字（　） Zhōngwén míngzi	啤酒（　） píjiǔ
	妹妹（　） mèimei	中文老师（　） Zhōngwén lǎoshī	中国的钱（　） Zhōngguó de qián	吃的（　） chī de

（2）小组活动：问你的同伴"你有……吗？"把答案写在表格里。如果有，请在括号中写"+"；如果没有，请在括号中写"-" Group work: ask your partner if he/she has the items in the following box with the pattern "Nǐ yǒu……ma？" Mark "+" in the brackets if your partner has, and "-" if he/she doesn't

朋友的回答 My friend's answers	哥哥（　） gēge	中国朋友（　） Zhōngguó péngyou	中文名字（　） Zhōngwén míngzi	啤酒（　） píjiǔ
	妹妹（　） mèimei	中文老师（　） Zhōngwén lǎoshī	中国的钱（　） Zhōngguó de qián	吃的（　） chī de

3 看看你跟同伴有几项一样，有几项不一样。请用下面的句式总结你们的信息
Check the two boxes above, find how many items both of you have, and which items neither of you don't have. Summarize your information with the following patterns

（1）我有_____，你也有_____。
Wǒ yǒu_____, nǐ yě yǒu_____.

（2）我们　都有_____。
Wǒmen dōu yǒu_____.

（3）我有_____，你没有_____。
Wǒ yǒu_____, nǐ méi yǒu_____.

（4）我没有_____，你有_____。
Wǒ méi yǒu_____, nǐ yǒu_____.

（5）我　没有_____，你也没有_____。
Wǒ méi yǒu_____, nǐ yě méi yǒu_____.

（6）我们　都没有_____。
Wǒmen dōu méi yǒu_____.

第 4 课　包子是甜的还是咸的？

4　小组活动：你在中国的生活怎么样
Pair work: how is your life in China

（1）看第一栏中的图片，用形容词来介绍一下你在中国的生活，填在第二栏中 Please look at the pictures in the first column, and describe your life in China with adj. in Column 2

（2）问一个你不太了解的同学，他/她在中国的生活怎么样，在第三栏中记录朋友的中国生活 Please ask one of your classmates whom you don't know well, how is his/her life in China, and make notes in the third column

例：A：你的……怎么样？
　　B：我的……很……。

生活 life	你的生活 Your life	你朋友的生活 Your friend's life
1. 你的	我的房间很好。 wǒ de fáng jiān hěn hǎo. 我的房间不贵。 wǒ de fáng jiān bú guì.	
2. 宾馆的		
3. 宾馆的		

87

4. 你的

5. 你的

6. 你的

7. 麦当劳的

8. 中国的

第4课　包子是甜的还是咸的？

提示词 Cue words：

1. 你的宾馆/房间　　2. 宾馆的服务员
3. 宾馆的早餐　　　4. 你的教室/学校
5. 你的老师　　　　6. 你的同学
7. 麦当劳的汉堡　　8. 中国的包子

给老师的提示：

请老师注意总结"怎么样"和形容词谓语句的用法。

二、身在其中 IN THE SCENE

1 情景对话 1 Scene 1

◎（艾玛一家在餐厅 Emma, Martin and Mike are in the dinning-room of the hotel）

（1）看图片，听一遍对话一录音。听后回答下列问题
Look at the picture and listen to the recording. Then answer the questions

说话人在做什么？（Where are they doing?）
现在是什么时候，早上、中午还是晚上？
（When is it now, morning, noon, afternoon, or evening?）

（2）听第二遍录音，一边听一边跟说。然后请根据对话内容，完成下面的句子填空
Listen to the recording for the second time, and try to repeat while listening. Then complete the following conversation according to Dialogue 1

艾玛 Àimǎ

> 早餐　很　丰富，有_____，
> Zǎocān hěn fēngfù, yǒu_____,
> 也 有_____。
> yě yǒu_____.

麦克 Màikè

> 可 是_____。
> Kěshì_____.

（3）朗读对话一：注意发音和语气
Please read Dialogue 1 aloud, and pay attention to the pronunciation and the tone

艾玛： 早餐　很 丰富，有　中餐，也 有 西餐。
Àimǎ: Zǎocān hěn fēngfù, yǒu zhōngcān, yě yǒu xīcān.

麦克： 可是 没 有　麦片粥。
Màikè: Kěshì méi yǒu màipiànzhōu.

艾玛： 你 去 拿 一 碗　八宝粥　吧。
Àimǎ: Nǐ qù ná yì wǎn bābǎozhōu ba.

麦克： 好，　尝尝　　八宝粥。
Màikè: Hǎo, chángchang bābǎozhōu.

2 情景对话 2 Scene 2

◎（马丁在餐台边 Martin stands at the breakfast buffet table）

（1）听录音，选出马丁想吃的东西，在图片下标出来
Listen to the recording, try to figure out what Martin wants to eat, and mark the right answer

(　　)　　(　　)　　(　　)　　(　　)

第 4 课　包子是甜的还是咸的？

（2）根据对话二判断下面的说法是否正确
True or false: please judge if the following statements are correct according to Dialogue 2

1. 包子 有 甜 的，也 有 咸 的。
   Bāozi yǒu tián de, yě yǒu xián de. ☐

2. 马丁 想 吃 煎 鸡蛋。
   Mǎdīng xiǎng chī jiān jīdàn. ☐

3. 服务员 提醒 (to remind) 马丁 包子 很 烫。
   Fúwùyuán tíxǐng Mǎdīng bāozi hěn tàng. ☐

（3）朗读对话 2：注意发音和语气
Please read Dialogue 2 aloud, and pay attention to the pronunciation and the tone

马丁：	包子 是 甜 的 还是 咸 的?
Mǎdīng:	Bāozi shì tián de háishi xián de?
服务员：	这 是 甜 的，里边 是 豆沙。咸 的 在 那儿。
Fúwùyuán:	Zhè shì tián de, lǐbian shì dòushā. Xián de zài nàr.
马丁：	有 煎 鸡蛋 吗?
Mǎdīng:	Yǒu jiān jīdàn ma?
服务员：	有，在 这儿。很 烫，要 小心。
Fúwùyuán:	Yǒu, zài zhèr. Hěn tàng, yào xiǎoxīn.

3 情景对话 3 Scene 3

◎（马丁和麦克边吃边聊 Martin and Mike are chatting while eating）

（1）请读下面的句子并排序，然后听录音，看看你做得对不对
Please read and number the following sentences, then listen to the recording, and check if you are right

（　）豆浆。
　　　Dòujiāng.

（　）好 极 了。北京 人 爱 喝 豆浆。
　　　Hǎo jíle. Běijīng rén ài hē dòujiāng.

发现：交际汉语入门（上）

（　）味道　怎么样？
　　　Wèidào zěnmeyàng?

（　）爸爸，您 喝 的 是 豆浆 还是 牛奶？
　　　Bàba, nín hē de shì dòujiāng háishi niúnǎi?

（2）听第二遍录音，一边听一边跟说。然后请根据对话内容，完成下面的句子填空
Listen to the recording for the second time, and try to repeat while listening. Then complete the following conversation according to Dialogue 3

麦克 Màikè： 爸爸，您＿＿＿＿＿＿＿＿＿？
　　　　　　Bàba, nín＿＿＿＿＿＿＿＿＿？

马丁 Mǎdīng： 豆浆。
　　　　　　 Dòujiāng.

麦克 Màikè： ＿＿＿＿＿＿＿＿＿＿？
　　　　　　＿＿＿＿＿＿＿＿＿＿？

马丁 Mǎdīng： 好 极了。
　　　　　　 Hǎo jíle.

（3）朗读对话3：注意发音和语气
Please read Dialogue 3 aloud, and pay attention to the pronunciation and the tone

麦克： 爸爸，您 喝 的 是 豆浆 还是 牛奶？
Màikè: Bàba, nín hē de shì dòujiāng háishi niúnǎi?

马丁： 豆浆。
Mǎdīng: Dòujiāng.

麦克： 味道　怎么样？
Màikè: Wèidào zěnmeyàng?

马丁： 好 极了。北京 人 爱 喝 豆浆。
Mǎdīng: Hǎo jíle. Běijīng rén ài hē dòujiāng.

第4课　包子是甜的还是咸的？

三、发现语言现象 FINDING GRAMMAR POINTS

与同伴研究一下，下面的句子有什么特点。你还可以说出这样的句子吗？
Try to find language points in the following sentences with your partner. Could you figure out the meaning and function of the patterns by yourself? Can you make similar sentences with the points?

★ "有"字句 The sentence with "yǒu" is used to express possession, and "yǒu" is the main element of the predicate.

A: 你 有 哥哥 (brother) 吗？
　　Nǐ yǒu gēge　　　ma?

B: 我 有 一个 哥哥。
　　Wǒ yǒu yí ge gēge.

A: 早餐 有 饺子 吗？
　　Zǎocān yǒu jiǎozi ma?

B: 早餐 没有 饺子。
　　Zǎocān méiyǒu jiǎozi.

我的句子：My sentences

★ 用副词"没"来表示否定 The "yǒu" sentence is made negative by preceding "yǒu 有" with "méi 没", never with "bù 不". The negative form is "S méi yǒu O".

下面的句子对不对？请在括号中填写 T 或 F Are the following sentences correct? Please fill "T" or "F" in the brackets

A: 你 有 哥哥 吗？　　　　（　　）
　　Nǐ yǒu gēge ma?

B: 我 不 有 一个 哥哥。　　（　　）
　　Wǒ bù yǒu yí ge gēge.

★ 用"(是)……还是……"构成选择问句 An alternative question is one formed of two statements joined by "háishi", suggesting two different alternatives for the person addressed to choose from, e.g.

93

发现：交际汉语入门（上）

A: 他 是 老师 还是 学生？
　　Tā shì lǎoshī háishi xuéshēng?

B: 他 是 老师。
　　Tā shì lǎoshī.

A: 你 吃 中餐 还是 西餐？
　　Nǐ chī zhōngcān háishi xīcān?

B: 我 吃 中餐。
　　Wǒ chī zhōngcān.

我的句子：My sentences

★ 形容词/动词+"的"，使用时相当于一个名词词组。 An adjective, a verb, plus the structural particle "de 的", to form a construction of "de 的". The construction of "de 的" functions as a noun phrase, e.g.:

他 不 吃 辣 的。
Tā bù chī là de.

包子 有 甜 的，也 有 咸 的。我 喜欢 甜 的。
Bāozi yǒu tián de, yě yǒu xián de. Wǒ xǐhuan tián de.

我 饿 了，你 有 吃 的 吗？
Wǒ è le, nǐ yǒu chī de ma?

爸爸 喝 的 是 豆浆，不 是 牛奶。
Bàba hē de shì dòujiāng, bú shì niúnǎi.

模仿填写下列句子 Please fill in the blanks by imitating the former parts of the sentences

爸爸 喜欢 甜 的，我 喜欢_____。
Bàbà xǐhuan tián de, wǒ xǐhuan_____.

我 拿 的 是 八宝粥，_____是 什么？
Wǒ ná de shì bābǎozhōu,_____shì shénme?

★ "地方 + 是 + 人 / 物"表示存在。The verb "shì 是" in this pattern indicates existence. When it serves at the main element of the predicate, the word order is as follows: "Place + shì + person/thing." e.g.:

A: 那个 碗 里边是 什么?
　　Nà ge wǎn lǐbian shì shénme?

B: 是 麦片 粥。
　　Shì màipiànzhōu.

A: 包子 里边 是 鸡肉 (chicken) 吗?
　　Bāozi lǐbian shì jīròu ma?

B: 不是 鸡肉,是 豆沙。
　　Búshì jīròu, shì dòushā.

我的句子：My sentences

★ "在"字句 (一)
作为动词"在"的意思是"存在"。"在"的宾语是表示处所的词语,句式为"S+ 在 + 地方",否定句为"S+ 不在 + 地方"。When 在 (zài) used as a verb, it denotes existence. The objects after 在 (zài) are words of location. The affirmative sentence is "S + 在 (zài) + Place", and the negative sentence is "S + 不在 (bú zài) + Place".

马 丁:　　有 煎 鸡蛋 吗?
Mǎdīng:　　yǒu jiān jīdàn ma?

服务员:　　有, 在 这儿。
Fúwùyuán:　　yǒu, zài zhè ér.

想一想,还有什么问题? Do you have other questions?

四、记忆、巩固和提升 MEMORIZE, CONSOLIDATE, AND UPGRADE

两人一组，先认读方框中的词语，然后互问互答
Pair work: please recognize the expressions in the box with your partner. One asks questions according to the parts underlined, and the other answers question

1. A: 有 <u>中餐</u> 吗?
   Yǒu zhòngcān ma?

   B: 有 <u>中餐</u>，也有 <u>西餐</u>。
   Yǒu zhòngcān, yě yǒu xīcān.

   > 哥哥 (elder brother) gēge
   > 姐姐 (elder sister) jiějie
   > 弟弟 (younger brother) dìdi
   > 妹妹 (younger sister) mèimei

2. A: 有 <u>麦片粥</u> 吗?
   Yǒu màipiàn zhōu ma?

   B: 没有 <u>麦片粥</u>。
   Méi yǒu màipiàn zhōu.

   > 牛奶 niúnǎi
   > 果汁儿 guǒzhīr
   > 红茶 (black tea) hóngchá

3. A: 包子是 <u>甜的</u> 还是 <u>咸的</u>?
   Bāozi shì tián de háishi xián de?

   B: 是 <u>咸的</u>。
   shì xián de.

   > 凉的 (cool) liáng de 热的 (hot) rè de

4. A: 里边是什么?
   Lǐbian shì shénme?

   B: 里边是 <u>豆沙</u>。
   Lǐbian shì dòushā.

   > 牛肉 (beef) niúròu
   > 鸡蛋 (egg) jīdàn
   > 中文书 (Chinese book) Zhōngwénshū
   > 钱 (money) qián

5. A: 你爱喝什么?
   Nǐ ài hē shénme?

   B: 我爱喝 <u>豆浆</u>。
   Wǒ ài hē dòujiāng.

   > 吃 chī   西餐 xīcān
   > 喝 hē   咖啡 (coffee) kāfēi
   > 喝 hē   啤酒 (beer) píjiǔ

五、用汉语完成任务 TASKS IN CHINESE

（一）小组活动：猜一猜朋友的口味 Pair work：guess your friend's taste

1. 请用"还是"问问你朋友的口味，并做好记录
   Please ask your partner's taste with "háishi", and make notes in the following box

例：A: 你 爱 吃 中餐 还是 西餐?
Nǐ ài chī zhōngcān háishi xīcān?

B: 我 爱 吃 中餐。
Wǒ ài chī zhōngcān.

中餐（ ） zhōngcān 西餐（ ） xīcān	汉堡（ ） hànbǎo 包子（ ） bāozi	咖啡（ ） kāfēi 茶（ ） chá	猪肉（ ）牛肉（ ） zhūròu　　　niúròu 鸡肉 (chicken)（ ） jīròu
牛奶（ ） niúnǎi 豆浆（ ） dòujiāng	面包（ ） miànbāo 米饭（ ） mǐfàn	在饭馆儿吃饭（ ） zài fànguǎnr chī fàn 在家 (home) 吃 饭（ ） zài jiā　　　chī fàn	甜的（ ）咸的（ ） tián de xián de 辣的（ ） là de

2. 请总结：你跟朋友的口味一样不一样? 哪些方面一样? 哪些方面不一样? 试用"也"和"都"表达
Do you have the same taste as your friend? Summarize the similarities and differences between you and your partner, by using the box above. Try to use "yě 也" and "dōu 都"

（二）班级采访 Class interview

1. 询问至少三个同学下列问题，然后填表
Asking at least three students the following questions, and fill in the following form with their answers

1) 你 喜欢 甜 的 还是 咸 的?
Nǐ xǐhuan tián de háishi xián de?

2) 早餐 你 常 吃 什么?
Zǎocān nǐ cháng chī shénme?

3) 早餐 有 没有 咖啡 / 牛奶 / 面包 / 包子?
Zǎocān yǒu méiyǒu kāfēi/niúnǎi/miànbāo/bāozi?

4) 你 爱 吃 包子 吗?
Nǐ ài chī bāozi ma?

5) 你 们 国家 的 人 爱 喝 什么?
Nǐmen guójiā de rén ài hē shénme?

发现：交际汉语入门（上）

问题 名字	你喜欢甜的还是咸的？	早餐你常吃什么？	今天的早餐有没有咖啡/包子？	你爱吃不爱吃包子？	你们国家的人爱喝什么？
1.					
2.					
3.					

2. 根据一位同学的回答，请介绍一下他早餐常常吃什么
   Please introduce one student's breakfast habit according to his answer

   _____喜欢_____，早餐 有_____，他常 吃
   _____xǐhuan_____,zǎocān yǒu_____,tā cháng chī

   _____，他 爱 吃_____。
   _____, tā ài chī_____.

六、用语言做事 REAL LIFE ACTIVITIES

（一）语言准备 Language preparation

1. 听写并朗读这些句子 Dictation: please write down the sentences, read aloud and memorize them

   （1）_____。

   （2）_____。

   （3）_____。

   （4）_____。

   （5）_____。

   （6）_____。

2. 请用"还是"和下边的词说出一个完整句子 Please make alternative questions with "háishi" by using the following words

   （1）今天　　明天
       jīntiān　　míngtiān

   _____。

第 4 课　包子是甜的还是咸的？

（2）豆浆　　　麦片
　　　dòujiāng　　màipiàn
　　　_____。

（3）苹果汁　　　葡萄汁
　　　píngguǒzhī　　pútaozhī
　　　_____。

（4）打包　　在 这儿 吃
　　　dǎ bāo　　zài zhèr chī
　　　_____。

（5）北京　　　上海
　　　Běijīng　　Shànghǎi
　　　_____。

3. 完成对话 Complete the following dialogues

（1）A：你有　北京　地图 吗？
　　　　Nǐ yǒu　Běijīng dìtú ma?

　　　B：_____。

（2）A：你 要　什么？　咖啡 还是　红茶？
　　　　Nǐ yào　shénme?　Kāfēi háishi　hóngchá?

　　　B：_____。

（3）A：你 爱 吃 包子 吗？
　　　　Nǐ ài chī bāozi ma?

　　　B：_____。

（4）A：包子　里边　是　什么？
　　　　Bāozi　lǐbian shì shénme?

　　　B：_____。

发现：交际汉语入门（上）

（二）社会扩展活动：我的中国日记 Social activities: my Chinese diary

我的中式早餐
My Chinese breakfast

请你早上到大学的餐厅吃早餐，看看那儿的早餐都有什么。给每种食物拍一张照片。如果是你不知道的，问一问用汉语怎么说，并用拼音记下来。然后制作一个多媒体展示短片，主题是"我在中国的早餐"。Go to have breakfast in a dining-hall of your uniuersity. Take photos of food there. Please ask how to call them in Chinese, and make notes in Pinyin. Make a slideshow with the pictures and the names. The theme is "My breakfast in China".

七、词语库 WORDS AND EXPRESSIONS

（一）生词表 New words list

1.	早餐	zǎocān	（名）	breakfast
2.	丰富	fēngfù	（形）	abundant, plentiful, rich
3.	有	yǒu	（动）	to have
4.	中餐	zhōngcān	（名）	Chinese food
5.	西餐	xīcān	（名）	Western food
6.	没（有）	méi(yǒu)	（动）	not have
7.	麦片粥	màipiànzhōu	（名）	oatmeal gruel, porridge
8.	拿	ná	（动）	to take
9.	碗	wǎn	（名）	bowl
10.	八宝粥	bābǎozhōu	（名）	eight-treasure porridge
11.	包子	bāozi	（名）	(a type of Chinese food) steamed buns with stuffing
12.	甜	tián	（形）	sweet
13.	还是	háishi	（连）	or (in question sentences)
14.	咸	xián	（形）	salty
15.	里边	lǐbian	（名）	inside
16.	豆沙	dòushā	（名）	sweetened bean paste
17.	在	zài	（动/介）	to exist; on, in, at
18.	那儿	nàr	（代）	there
19.	煎	jiān	（动）	to fry in fat or oil
20.	鸡蛋	jīdàn	（名）	egg
21.	这儿	zhèr	（代）	here
22.	烫	tàng	（形）	very hot
23.	豆浆	dòujiāng	（名）	soybean milk
24.	小心	xiǎoxīn	（动/形）	to caution; careful
25.	牛奶	niúnǎi	（名）	milk

第 4 课　包子是甜的还是咸的？

26. 味道	wèidào	（名）	flavor
27. 极了	jíle		extremely
28. 人	rén	（名）	person, people
29. 爱	ài	（动）	to love

专有名词 Proper Nouns

北京	Běijīng	Beijing, also known as Peking, a metropolis in northern China and the capital of the People's Republic of China. It is the political, educational, and cultural center of the country.

（二）相关链接 Related links

查查词典，看看它们是什么意思
Look up the dictionary and find out the meanings of the following words

食物 shíwù food	意思 yìsi meaning	食物 shíwù food	意思 yìsi meaning
面条 miàntiáo		酸奶 suānnǎi	
面包 miànbāo		香蕉 xiāngjiāo	
蛋糕 dàngāo		西瓜 xīguā	
春卷 chūnjuǎn		橙子 chéngzi	
烧卖 shāomài		苹果 píngguǒ	
奶酪 nǎilào		核桃 hétao	
黄油 huángyóu		葡萄干 pútaogān	
果酱 guǒjiàng		巧克力 qiǎokèlì	
培根 péigēn		冰淇淋 bīngqílín	

从相关链接中选出五个对你最有用的词，写一写 Please select five useful words in the *Related links* above, and write in the following blanks

1. _____   2. _____   3. _____   4. _____   5. _____

发现：交际汉语入门（上）

八、生活剪影 LIFE SKETCH

中国　菜的　口味　都　不同
Zhōngguó cài de kǒuwèi dōu bùtóng

在中国，　各地的　口味　都　不同。　北方　的菜　比较　咸，南方的菜
Zài Zhōngguó gèdì de kǒuwèi dōu bùtóng. Běifāng de cài bǐjiào xián, nánfāng de cài
比较清淡，　四川、湖南、贵州　等　地爱吃　辣的，山西　则喜欢　酸的。
bǐjiào qīngdàn, Sìchuān, Húnán, Guìzhōu děng dì ài chī là de, Shānxī zé xǐhuan suān de.
那么北京呢？北京　很难　说，因为　北京　什么　地方的人都　有，因此什么
Nàme Běijīng ne? Běijīng hěn nán shuō, yīnwèi Běijīng shénme dìfang de rén dōu yǒu, yīncǐ shénme
风味　的　菜都　有。
fēngwèi de cài dōu yǒu.

麻辣火锅（四川菜）
málà huǒguō (Sìchuān cài)

北京烤鸭
Běijīng kǎoyā

煮干丝（淮扬菜）
zhǔ gānsī (Huáiyáng cài)

辣子鸡丁（湖南菜）
làzi jīdīng (Húnán cài)

六（一）1. "听写并朗读这些句子"答案 The answer of dictation

（1）早餐很丰富，有中餐，也有西餐。
（2）没有麦片粥。
（3）有煎鸡蛋吗？
（4）包子是甜的 还是咸的？
（5）很烫，要小心。
（6）北京人爱喝豆浆。

第 5 课

 明天早上见

一、语言热身 LET'S WARM UP!

我的词典 MY DICTIONARY

1 找到与"我的词典"中的词语相对应的图片，然后朗读词语
Match the words in My Dictionary with the corresponding pictures, and read these words aloud

（1）宾馆里有什么？ What is in the hotel?

a. 房间 / fángjiān / room
b. 钥匙 / yàoshi / key
c. 电梯 / diàntī / elevator
d. 餐厅 / cāntīng / dining room
e. 早饭 / zǎofàn / breakfast
f. 服务员 / fúwùyuán / (hotel) attendants

（2）这些动作怎么说？ How to say the following actions?

g. 吃 / chī / to eat
h. 喝 / hē / to drink
i. 来 / lái / to come
j. 去 / qù / to go
k. 走 / zǒu / to walk
l. 见 / jiàn / to meet
m. 睡觉 / shuì jiào / to sleep
n. 工作 / gōngzuò / to work
o. 要房间 / yào fángjiān / to ask for rooms
p. 休息 / xiūxi / to have a rest

2 怎么说一天中的时间？ How to say the time?

（1）怎么说下面这些时间 How to express the following time

早上 zǎoshang	上午 shàngwǔ	中午 zhōngwǔ	下午 xiàwǔ	晚上 wǎnshang
early morning	morning	noon	afternoon	evening, night

（2）现在几点？What time is it now?

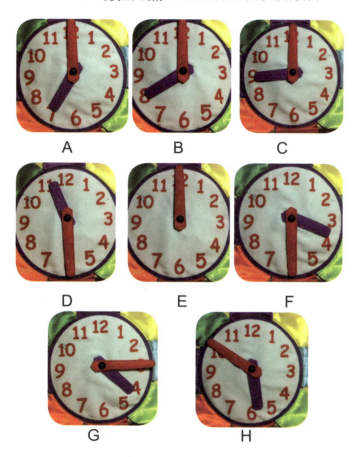

句式 Patterns：

A： 现在　几点？
　　 Xiànzài jǐ diǎn?

B： 现在……点……。
　　 Xiànzài... diǎn...

3 看图说话：请介绍一下你或父母的时间表 Look at the pictures below, and introduce the daily schedule of yours or your parents'

SUBJECT	TIME	ACTION
		起床 qǐ chuáng
我		上课 shàng kè
妈妈		吃午饭 chī wǔfàn
爸爸		回家 huí jiā
		睡觉 shuì jiào

提示：

怎么用汉语表达 AM 和 PM？
A tip: How to express AM and PM in Chinese?

第5课　明天早上见

二、身在其中 IN THE SCENE

1 情景对话 1 Scene 1

◎（艾玛一家在宾馆前台 Emma and her family are at the reception desk of the hotel）

（1）看图片，听一遍 对话一录音。听后回答下列问题
　　 Look at the picture and listen to the recording, then answer the questions

> 艾玛在哪儿？（Where is Emma?）
> 她在做什么？（What is she doing?）

（2）听第二遍录音，一边听一边跟说。然后请根据对话内容，完成下面的句子填空
　　 Listen to the recording for the second time, and try to repeat while listening. Then complete the following conversation according to Dialogue 1

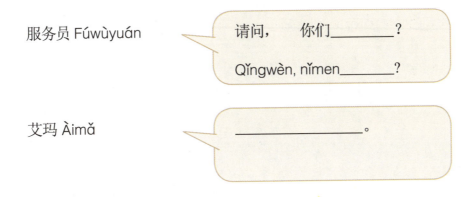

服务员 Fúwùyuán：请问，你们_____？
　　　　　　　　Qǐngwèn, nǐmen_____?

艾玛 Àimǎ：_____。

107

（3）根据对话一判断下面的说法是否正确
True or false: please judge if the following statements are correct according to Dialogue 1

① 今天 星期一。
Jīntiān xīngqīyī. ☐

② 他们 星期天 走。
Tāmen xīngqītiān zǒu. ☐

③ 他们 要 两 个 房间。
Tāmen yào liǎng ge fángjiān. ☐

（4）朗读对话 1：注意发音和语气
Please read Dialogue 1 aloud, and pay attention to the pronunciation and the tone

服务员： Fúwùyuán:	欢迎 光临。 请问， 你们 住 几 天？ Huānyíng guānglín. Qǐngwèn, nǐmen zhù jǐ tiān?
艾玛： Àimǎ:	住 三 天。 Zhù sān tiān.
服务员： Fúwùyuán:	今天 星期一，你们 星期四 走， 对 吗？ Jīntiān xīngqīyī, nǐmen xīngqīsì zǒu, duì ma?
艾玛： Àimǎ:	对。 我们 要 两 个 房间。 Duì. Wǒmen yào liǎng ge fángjiān.

2 情景对话 2 Scene 2

（1）听录音，选出艾玛一家的房间号，在下边标出来
Listen to the recording, figure out the room numbers of the family, and mark the right answer

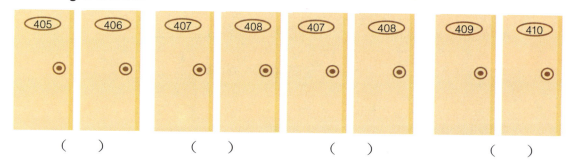

（2）根据对话二，判断下面的说法是否正确
True or false: please judge if the following statements are correct according to Dialogue 2

① 服务员　给　艾玛　房间　钥匙。
　　Fúwùyuán　gěi　Àimǎ　fángjiān　yàoshi.　　□

② 房间　在　十　层。
　　Fángjiān　zài　shí　céng.　　□

③ 宾馆　没　有　电梯。
　　Bīnguǎn　méi　yǒu　diàntī.　　□

（3）朗读对话2：注意发音和语气
Please read Dialogue 2 aloud, and pay attention to the pronunciation and the tone

服务员：这是你们的房间钥匙，四О九号和四一О号。
Fúwùyuán: Zhèshì nǐmen de fángjiān yàoshi, sì líng jiǔ hàohésì yāo líng hào.

艾玛：在几层？。
Àimǎ: Zài jǐ céng ?

服务员：四层。电梯在那边。
Fúwùyuán: Sì céng. Diàntī zài nàbiān.

艾玛：谢谢。
Àimǎ: Xièxie.

在房间号或电话号码中，"一"常念做"yāo"。"One" is often read as "yāo" by the room number or phone number.

3　情景对话 3 Scene 3

◎（艾玛一家在房间 Emma, Martin and Mike are in the hotel room）

（1）请读下面的句子并排序，然后听录音，看看你做得对不对
Please read and number the following sentences, then listen to the recording, and check if you are right

（　）早上　七点　半，在一层　餐厅。
　　　Zǎoshang　qī diǎn bàn,　zài yī céng cāntīng.

（　）好。晚安，爸爸、妈妈。
　　　Hǎo. Wǎn'ān, bàba, māma.

发现：交际汉语入门（上）

（　）晚安，麦克。明天 早上 见。
　　　Wǎn'ān, Màikè. Míngtiān zǎoshang jiàn.

（　）妈妈，明天 几点 吃 早饭？
　　　Māma, míngtiān jǐ diǎn chī zǎofàn?

（2）听第二遍录音，一边听一边跟说。然后请根据对话内容，完成下面的句子填空
Listen to the recording for the second time, and try to repeat while listening. Then complete the following conversation according to Dialogue 3

麦克 Màikè

妈妈，明天 _____？
Māma, míngtiān _____？

艾玛 Àimǎ

_____，在 一 层 餐厅。
_____, zài yī céng cāntīng.

（2）朗读对话三：注意发音和语气
Please read Dialogue 3 aloud, and pay attention to the pronunciation and the tone

麦克： 妈妈，明天 几 点 吃 早饭？。
Màikè: Māma, míngtiān jǐ diǎn chī zǎofàn?

艾玛： 早上 七 点 半，在 一 层 餐厅。
Àimǎ: Zǎoshàng qī diǎn bàn, zài yī céng cāntīng.

麦克： 好。晚安，爸爸、妈妈。
Màikè: Hǎo. Wǎn'ān, bàba, māma.

艾玛： 晚安，麦克。明天 早上 见。
Àimǎ: Wǎn'ān, Màikè. Míngtiān zǎoshang jiàn.

三、发现语言现象 FINDING GRAMMAR POINTS

与同伴研究一下，下面的句子有什么特点。你还可以说出这样的句子吗？
Try to find language points in the following sentences with your partner. Could you figure out the meaning and function of the patterns by yourself? Can you make similar sentences with the points?

★ 动词 + 时间段：表示动作持续或结束时间的长短 "Verb + time period" is used to show the duration of an action or a state

我们　在　北京　玩儿　三　天。
Wǒmen zài Běijīng wánr sān tiān.

今天　在　饭店　休息　一　天。
Jīntiān zài fàndiàn xiūxi yì tiān.

★ 星期的表达 Ways of expressing week

星期一　xīngqīyī　　　星期二　xīngqī'èr　　　星期三　xīngqīsān

星期四　xīngqīsì　　　星期五　xīngqīwǔ　　　星期六　xīngqīliù

星期天（日）　xīngqītiān(rì)

★ 用"几"构成问句 Make question sentences with the question word "jǐ" to ask what is the day

A: 今天　星期　几?
　　Jīntiān xīngqī jǐ?

B: 今天　星期一。
　　Jīntiān xīngqīyī.

★ 时间词的位置。时间词一般用在主语之后，动词之前。The position of a time word in a sentence, is usually after the subject, and before the main verb, the form is "S + TIME WORD+ V".

A: 你们　星期几　来?
　　Nǐmen xīngqījǐ lái?

B: 我们　星期五　来。
　　Wǒmen xīngqīwǔ lái.

★ 时刻的表达 Ways of telling the time

(diǎn)
7:00　七点　　　　7:30　七点半
　　　qīdiǎn　　　　　　　qīdiǎnbàn

7:50　七点五十
　　　qīdiǎn wǔshí

早上　zǎoshang　　　　　　上午　shàngwǔ

下午　xiàwǔ　　　　　　　晚上　wǎnshang

A：现在 几点？
　　Xiànzài jǐ diǎn?

B：八 点 半。
　　Bā diǎn bàn.

A：你们 几点 睡 觉？
　　Nǐmen jǐ diǎn shuì jiào?

B：晚上 十一点 睡 觉。
　　Wǎnshang shíyī diǎn shuì jiào.

下面的句子对不对？Are the following sentences correct?

A：你们 起 床 几点？　　　　　（　）
　　Nǐmen qǐ chuáng jǐ diǎn?
B：七 点 半 早上。　　　　　　（　）
　　Qī diǎn bàn zǎoshang.

想一想，还有什么问题？Do you have other questions?

四、记忆、巩固和提升 MEMORIZE, CONSOLIDATE, AND UPGRADE

两人一组，先认读方框中的词语，然后互问互答
Pair work: please recognize the expressions in the box with your partner. One asks questions according to the parts underlined, and the other answers question

1. A: 你们　住　几天?
　　　Nǐmen　zhù　jǐ tiān?

　　B: 我们　住　三　天。
　　　Wǒmen　zhù　sān　tiān.

> 玩 wán　　　　　　四 sì
> 待 (stay) dāi　　　五 wǔ
> 工作 (work) gōngzuò　七 qī

2. A: 今天　星期几?
　　　Jīntiān　xīngqī jǐ?

　　B: 今天　星期二。
　　　Jīntiān　xīngqīyī.

> 明天 míngtiān　星期二 xīngqī'èr
> 昨天 zuótiān　星期天 xīngqītiān

3. A: 你们　星期几　走?
　　　Nǐmen　xīngqī jǐ　zǒu?

　　B: 我们　星期四　走。
　　　Wǒmen　xīngqīsì　zǒu.

> 星期五 xīngqīwǔ　来北京 lái Běijīng
> 星期天 xīngqītiān　休息 (rest) xiūxi

4. A: 明天　几点　吃　早饭?
　　　Míngtiān　jǐ diǎn　chī　zǎofàn?

　　B: 早上　七点　半　吃　早饭。
　　　Zǎoshang　qī diǎn bàn　chī　zǎofàn.

> 吃午饭 chī wǔfàn　　中午 12:00 zhōngwǔ shí'èr diǎn
> 去银行 (bank) qù yínháng　下午 3:00 xiàwǔ sān diǎn
> 回宾馆 huí bīnguǎn　晚上 9:00 wǎnshang jiǔ diǎn

五、用汉语完成任务 TASKS IN CHINESE

（一）快速问答：今天星期几 Quick questions: what day is today

老师先提问：今天星期几？一名学生先回答，然后问下一位同学"今天星期几？"。回答者要在今天的星期数加上三天，然后再问下一位同学"今天星期几"，以此类推。

The teacher may lead this activity by asking "What day is today". One student could answer first, and then ask the next student the question. The second student should add three more days by today, then ask the third student, and so on.

例：　　假如今天是星期一。老师要问学生"今天星期几？"
E.g.:　　Suppose that it's Monday today. The teacher will ask: What day is today?

学生一："今天星期一。今天星期几？"
The first student: Today is Monday. What day is today?

学生二："今天星期四。今天星期几？"
The second student: Today is Thursday (Monday + 3 days). What day is today?

学生三："今天星期天。今天星期几？"……
The third student: Today is Sunday (Thursday + 3 days). What day is today?

（二）小组活动：找找今年的这些节日是星期几
Group work: check the calendar and find what days the following festivals of this year are

1. New Year's Day　　　　新年 Xīnnián
2. Spring Festival　　　　春节 Chūnjié
3. Valentine's Day　　　　情人节 Qíngrénjié
4. April Fool's Day　　　　愚人节 Yúrénjié
5. Chinese National Day　　中国国庆节 Zhōngguó Guóqìngjié
6. Mid-Autumn Festival　　中秋节 Zhōngqiūjié
7. Christmas　　　　　　圣诞节 Shèngdànjié

（三）班级采访 Class interview

1. 询问至少三个同学下列问题，然后填表
   Asking at least three students the following questions, and fill in the form with their answers

   （1）你　住　几号　房间？　在几层？
   　　　Nǐ　zhù　jǐ hào　fángjiān?　Zài jǐ céng?

   （2）那儿　有　没　有　电梯？
   　　　Nàr　yǒu　méi　yǒu　diàntī?

   （3）现在　　几点？
   　　　Xiànzài　jǐ diǎn?

   （4）你　早上　几点　吃　早饭？
   　　　Nǐ zǎoshang　jǐ diǎn chī zǎofàn?

   （5）你 几点 吃 午饭 和　晚饭？
   　　　Nǐ Jǐ diǎn chī wǔfàn　hé　wǎnfàn?

问题 名字	你住几号房间? 在几层?	那儿有没有电梯?	现在几点?	你几点吃早饭?	你几点吃午饭和晚饭?
1.					
2.					
3.					

2. 请根据一位同学的回答，介绍一下他的情况
   Please introduce one student's information according to his answer

   _____住_____层_____房间， 那儿_____。 他 每天_____吃 早饭，
   _____zhù_____céng_____fángjiān， nàr_____. Tā měitiān_____chī zǎofàn,

   _____吃 午饭，_____吃 晚饭。
   _____chī wǔfàn,_____chī wǎnfàn.

六、用语言做事 REAL LIFE ACTIVITIES

（一）语言准备 Language preparation

1. 听写并朗读这些句子 Dictation: please write down the sentences, read aloud and memorize them

   （1）_____。

   （2）_____。

   （3）_____。

   （4）_____。

   （5）_____。

   （6）_____。

2. 完成下列句子 Complete the following sentences

(1) 我　想　在　北京　住＿＿＿＿＿。
    Wǒ　xiǎng　zài　Běijīng　zhù＿＿＿＿＿.

(2) 我＿＿＿＿＿回 国 (to return one's country)。
    Wǒ＿＿＿＿＿huí guó.

(3) 来　北京　的　时候，我　的　行李 (luggage)＿＿＿＿＿。
    Lái　Běijīng　de　shíhou, wǒ　de　xíngli＿＿＿＿＿.

(4) 我　每天　早上＿＿＿＿＿去　上　课。
    Wǒ　měitiān　zǎoshang＿＿＿＿＿qù　shàng kè.

3. 完成对话 Please complete the following dialogues

(1) A：今天　星期几?
    Jīntiān　xīngqījǐ?

    B：＿＿＿＿＿＿＿＿＿＿＿＿＿＿＿＿＿＿＿＿＿。

(2) A：你 的　中国　朋友　多 吗?
    Nǐ de　Zhōngguó　péngyou　duō ma?

    B：＿＿＿＿＿＿＿＿＿＿＿＿＿＿＿＿＿＿＿＿＿。

(3) A：房间　钥匙　在 哪儿?
    Fángjiān　yàoshi zài nǎr?

    B：＿＿＿＿＿＿＿＿＿＿＿＿＿＿＿＿＿＿＿＿＿。

(4) A：你 几 点　吃　早饭?
    Nǐ jǐ diǎn chī zǎofàn?

    B：＿＿＿＿＿＿＿＿＿＿＿＿＿＿＿＿＿＿＿＿＿。

(5) A：餐厅　在　一层，是 吗?
    Cāntīng zài yīcéng, shì ma?

    B：＿＿＿＿＿＿＿＿＿＿＿＿＿＿＿＿＿＿＿＿＿。

（二）社会扩展活动：我的中国日记：Social activities: my Chinese diary

1. 我在中国的房间 My room in China

给父母或朋友介绍一下你在中国的房间。如果不知道怎么介绍，请回答下面的问题。给你的房间,以及所住的楼拍几张照片。Please introduce your room in China to your parents and friends. Answer the following questions if you don't know how to introduce. Offer pictures of your room and your building.

(1) 你 的 房间 怎么样?
   Nǐ de fángjiān zěnmeyàng?

(2) 你 的 房间 在 几 层? 是 多少 号?
   Nǐ de fángjiān zài jǐ céng? Shì duōshao hào?

(3) 那儿 有 没有 电梯?
   Nàr yǒu méi yǒu diàntī?

(4) 你 一 个 人 住 吗?
   Nǐ yí ge rén zhù ma?

(5) 你 要 住 几 天?
   Nǐ yào zhù jǐ tiān?

2. 中国朋友的时间表 Chinese friend's timetable

请你找两个中国人,问问他们的上课、工作和休息时间 Please find two Chinese people to ask about their daily timetable

怎么跟不认识的人打招呼?怎么请别人帮你的忙?请试试下面的句式。A Tip: Do you know how to greet unknown people? How to ask others to help you? Please try the following patterns.

例: 你 好! 请 你 帮帮 我, 好 吗?
   Nǐ hǎo! Qǐng nǐ bāngbang wǒ, hǎo ma?
   Hello! Would you please help me?

(1) 想一想你需要哪些动词,写在下面的表格第三栏里 Think about the verbs you need, and write in Column 3

(2) 用下面的句式问问题,把中国朋友的时间写在第二栏 Please ask your friends questions what time they do the actions, and write their time in column 2

例: 你 几 点 Verb-Phrase ?
   Nǐ jǐ diǎn verb-phrase?

发现：交际汉语入门（上）

中国朋友1：

名字	时间	动作

中国朋友2：

名字	时间	动作

（3）哪个朋友的时间表跟你的更相似？Whose timetable is similar to yours?

七、词语库 WORDS AND EXPRESSIONS

（一）生词表 New words list

1.	光临	guānglín	（动）	(polite speech) presence (of a guest, etc.)
2.	请问	qǐngwèn	（动）	excuse me
3.	你们	nǐmen	（代）	you (plural)
4.	住	zhù	（动）	to live, to reside
5.	几	jǐ	（数）	how many (usually under ten)
6.	天	tiān	（名）	day
7.	星期一	xīngqīyī	（名）	Monday

8. 星期四	xīngqīsì	（名）	Thursday
9. 走	zǒu	（动）	to leave, to walk
10. 对	duì	（形）	correct
11. 我们	wǒmen	（代）	we, us
12. 两	liǎng	（数）	two
13. 房间	fángjiān	（名）	room
14. 钥匙	yàoshi	（名）	key
15. 零（0）	líng	（数）	zero
16. 九	jiǔ	（数）	nine
17. 和	hé	（连）	and
18. 号	hào	（量）	a "suffix" designating an ordinal number
19. 层	céng	（量）	measure word for layers
20. 电梯	diàntī	（名）	lift, elevator
21. 那边	nàbiān	（代）	there
22. 点	diǎn	（量）	o'clock
23. 早饭	zǎofàn	（名）	breakfast
24. 早上	zǎoshang	（名）	early morning
25. 七	qī	（数）	seven
26. 半	bàn	（数）	half
27. 餐厅	cāntīng	（名）	dining hall
28. 晚安	wǎn'ān	（动）	good night
29. 见	jiàn	（动）	to meet, to see

（二）相关链接 Related links

查查词典，看看它们是什么意思
Look up the dictionary and find the meanings of the following words

宾馆用语 bīnguǎn yòngyǔ useful expressions in hotel	意思 yìsi meaning	宾馆用语 bīnguǎn yòngyǔ useful expressions in hotel	意思 yìsi meaning
大堂 dàtáng		打扫 dǎsǎo	
服务台 fúwùtái		敲门 qiāo mén	
接待员 jiēdàiyuán		开门 kāi mén	
护照 hùzhào		关门 guān mén	
行李 xíngli		叫早 jiàozǎo	
房卡 fángkǎ		请勿打扰 qǐng wù dǎrǎo	

从相关链接中选出五个对你最有用的词，写一写 Please select five useful words in the *Related links* above, and write in the following blanks

1. _____ 2. _____ 3. _____ 4. _____ 5. _____

八、生活剪影 LIFE SKETCH

（一）关于"小费"
Guānyú "xiǎofèi"

在 中国，一般来说，是不 用 给服务人员 小费 的。有的 餐厅 收
Zài Zhōngguó, yìbān lái shuō, shì bú yòng gěi fúwù rényuán xiǎofèi de. Yǒude cāntīng shōu
"服务费"，比如要 收 餐费的 10% 作为 服务费，不过，这 一定会
"fúwùfèi", bǐrú yào shōu cānfèi de bǎifēnzhī shí zuòwéi fúwùfèi, búguò, zhè yídìng huì
写在 菜单 上。
xiězài càidān shang.

（二）中国 的 春节
Zhōngguó de Chūnjié

春节是 中国 人 最 重要 的 传统 节日。过 春节 的 时候，
Chūnjié shì Zhōngguó rén zuì zhòngyào de chuántǒng jiérì. Guò Chūnjié de shíhou,
人们 都 做 什么呢？大家会 在 大门 上 贴"福"字，在 大门 两边
rénmen dōu zuò shénme ne? Dàjiā huì zài dàmén shang tiē "Fú" zì, zài dàmén liǎngbiān
贴对联，表达 新年 的 祝愿。过 春节 的 时候，大人 和 孩子都 会
tiē duìlián, biǎodá xīnnián de zhùfú. Guò Chūnjié de shíhou, dàren hé háizi dōu huì
穿 上 新衣服，全 家人聚在 一起 包 饺子，吃 团圆饭。 过
chuānshang xīn yīfu, quán jiā rén jù zài yìqǐ bāo jiǎozi, chī tuányuánfàn. Guò
春节 的 时候，很多 地方 还有 庙会，逛庙会 的 人可多了。
Chūnjié de shíhou, hěn duō dìfang hái yǒu miàohuì, guàngmiàohuì de rén kě duō le.

第 5 课　明天早上见

春联 chūnlián

贴春联 tiē chūnlián

穿新衣 chuān xīnyīfu

吃团圆饭 chī tuányuánfàn

包饺子 bāo jiǎozi

庙会 miàohuì

六（一）1. "听写并朗读这些句子"答案 The answer of dictation

(1) 今天星期一。
(2) 我们要两个房间。
(3) 四〇九号和四一〇号。
(4) 电梯在那边。
(5) 明天几点吃早饭？
(6) 明天早上见。

第 6 课

住宿 我的耳机呢？

一、语言热身 LET'S WARM UP!

1 请看下面的图片，请跟同伴说一说旅行的时候应该带哪些东西
Please look at the following picture, and talk with your partner what you two will take when travelling

1　答案见本课后

2 学习方位词
Learn some Chinese nouns of locality

……上边 shàngbian
on the top of …

……下边 xiàbian
under …

……左边 zuǒbian
on the left of …

……右边 yòubian
on the right of …

……前边 qiánbian
in the front of…

……后边 hòubian
behind…

……里边 lǐbian
inside …

……外边 wàibian
outside …

……中间 zhōngjiān
between, in the middle of…

……旁边 pángbiān
beside…

3 小组活动：小糊涂虫找东西
Pair work: little lazy slob is looking for something

两个同学一组,一个是小糊涂虫,一个是他的同屋。你觉得他们可能在说什么 Two students are in one group. One is a little lazy slob, and the other is his/her roommate. What do you think they are talking about

问题 questions	回答 answers
1. A：……在哪儿?	B：在……上边 / 下边 / 左边 / 右边 / 旁边……
2. A：我的……呢?	B：在……上边 / 下边 / 左边 / 右边 / 旁边……

4 麦克在哪儿?
Where is Mike?

麦克住进宾馆以后,去了很多地方。艾玛找不到他了,请告诉艾玛他在下面这些时间麦克在哪儿。Mike went to many places after he checked in the hotel. Emma couldn't find him. Please tell Emma where he was at the following time.

8:00 a m

餐厅
cāntīng

10:00 p m

房间
fángjiān

7:30 p m

服务台 / 前台
wúwùtái/qiántái

9:15 p m

卫生间
wèishēngjiān

5 大声朗读句子,想一想这些句子的意思
Read the following sentences aloud and think about the meaning of the sentences

（1） 拖鞋 在 哪儿?
　　　Tuōxié zài nǎr?

（2） 是 红茶 吧?
　　　Shì hóngchá ba?

（3） 我 的 耳机 呢?
　　　Wǒ de ěrjī ne?

（4） 在 黑色 的 旅行包 里。
　　　Zài hēisè de lǚxíngbāo lǐ.

（5） 电视 旁边 有 电热壶。
　　　Diànshì pángbiān yǒu diànrèhú.

发现：交际汉语入门（上）

二、身在其中 IN THE SCENE

1 情景对话 1 Scene 1

◎（艾玛一家在房间里 Emma, Martin and Mike are in the room of the hotel）

（1）看图片，听一遍对话一录音，听后回答下列问题
Look at the picture and listen to the recording, then answer the following questions

> 马丁在哪儿？ （Where is Martin?）
> 他要做什么？ （What will he do?）

（2）根据对话一判断下面的说法是否正确
True or false: please judge if the following statements are correct according to Dialogue 1

① 艾玛 要 换 拖鞋。
　　Àimǎ yào huàn tuōxié. ☐

② 马丁 想 喝 红茶。
　　Mǎdīng xiǎng hē hóngchá. ☐

③ 茶几 上 有 红茶。
　　Chájī shang yǒu hóngchá. ☐

126

（3）朗读对话 1：注意发音和语气
Please read Dialogue 1 aloud, and pay attention to the pronunciation and the tone

马丁： Mǎdīng:	拖鞋 在 哪儿? 我 要 换 一下儿 鞋。 Tuōxié zài nǎr? Wǒ yào huàn yíxiàr xié.
艾玛： Àimǎ:	在 那儿。 Zài nàr.
马丁： Mǎdīng:	茶几 上 还 有 茶。是 红茶 吧? Chájī shang hái yǒu chá. Shì hóngchá ba?
艾玛： Àimǎ:	我 看看, 不 是 红茶, 是 花茶。 Wǒ kànkan, bú shì hóngchá, shì huāchá.

2 情景对话 2 Scene 2

◎（麦克给妈妈打电话 Mike is calling his mother）

（1）听录音，麦克的耳机在哪里，在图片下边标出来
Listen to the recording and figure out where Mike's earphone is. Please mark the right picture with "√"

( )   ( )   ( )   ( )

（2）听第二遍录音，一边听一边跟说。然后请根据对话内容，完成下面的句子填空
Listen to the recording for the second time, and try to repeat while listening. Then complete the following conversation according to Dialogue 2

麦克 Màikè： 喂, 妈妈, 我 的 耳机 呢?
Wèi, māma, Wǒ de ěrjī ne?

艾玛 Àimǎ： 在＿＿＿＿＿＿里。
Zài＿＿＿＿＿＿lǐ.

（3）朗读对话2：注意发音和语气
Please read Dialogue 2 aloud, and pay attention to the pronunciation and the tone

麦克： Màikè:	喂， 妈妈，我 的 耳机 呢？ Wèi, māma, wǒ de ěrjī ne?
艾玛： Àimǎ:	在 黑色 的 旅行包 里。 Zài hēisè de lǚxíngbāo lǐ.
麦克： Màikè:	我 的 充电器 在 不 在 里边？ Wǒ de chōngdiànqì zài bu zài lǐbian?
艾玛： Àimǎ:	都 在，儿子。 Dōu zài, érzi.

3 情景对话 3 Scene 3

◎（艾玛给服务台打电话 Emma is calling the room service counter）

（1）请读下面的句子并排序，然后听录音，看看你做得对不对
Please read and number the following sentences, then listen to the recording, and check if you are right

( ) 服务台 吗？ 请问， 房间 里 有 没 有 热水？
Fúwùtái ma? Qǐngwèn, fángjiān lǐ yǒu méi yǒu rèshuǐ?

( ) 喝 的 热 水 啊？ 电视 旁边 有 电热壶。
Hē de rèshuǐ ā? Diànshì pángbiān yǒu diànrèhú.

( ) 不 是 洗澡 水， 是 喝 的 水。
Bú shì xǐ zǎo shuǐ, shì hē de shuǐ.

( ) 有，在 卫生间 里。你 打开 水龙头 看看。
Yǒu, zài wèishēngjiān lǐ. Nǐ dǎ kāi shuǐlóngtóu kànkan.

（2）听第二遍录音，一边听一边跟说。然后请根据对话内容，完成下面的句子填空
Listen to the recording for the second time, and try to repeat while listening. Then complete the following conversation according to Dialogue 3

艾玛 Àimǎ

服务台 吗？ 请问， 房间 里 有 没 有 热水？
Fúwùtái ma? Qǐngwèn, fángjiān lǐ yǒu méi yǒu rèshuǐ?

服务员 Fúwùyuán

有，＿＿＿＿＿＿＿＿＿＿。
Yǒu,＿＿＿＿＿＿＿＿＿.

喝 的 热 水 啊？＿＿＿＿＿。
Hē de rèshuǐ a?＿＿＿＿＿.

（3）朗读对话三：注意发音和语气
Please read Dialogue 3 aloud, and pay attention to the pronunciation and the tone

艾玛：　　服务台 吗？　请问， 房间 里有 没 有 热水？
Àimǎ:　　Fúwùtái ma?　Qǐngwèn, fángjiān lǐ yǒu méi yǒu rèshuǐ?

服务员：　有， 在　卫生间　里。你 打开　水龙头　看看。
Fúwùyuán:　Yǒu, zài wèishēngjiān lǐ. Nǐ dǎ kāi shuǐlóngtóu kànkan.

艾玛：　　不 是 洗澡 水， 是 喝 的 水。
Àimǎ:　　Bú shì xǐ zǎo shuǐ, shì hē de shuǐ.

服务员：　喝 的 热水 啊？ 电视　旁边 有 电热壶。
Fúwùyuán:　Hē de rèshuǐ a? Diànshì pángbiān yǒu diànrèhú.

三、发现语言现象 FINDING GRAMMAR POINTS

与同伴研究一下，下面的句子有什么特点。你还可以说出这样的句子吗？
Try to find language points in the following sentences with your partner. Could you figure out the meaning and function of the patterns by yourself? Can you make similar sentences with the points?

★ 用疑问词"哪儿"构成问句 Make questions with the question word "nǎr"

A: 你 家 在 哪儿？
　　Nǐ jiā zài nǎr?

B: 我 家 在 日本 (Japan)。
　　Wǒ jiā zài Rìběn.

129

A: 宾馆 在哪儿?
　　Bīnguǎn zài nǎr?

B: 在 全聚德 旁边。
　　Zài Quánjùdé pángbiān.

A: 你 去 哪儿?
　　Nǐ qù nǎr?

B: 我 去 餐厅。
　　Wǒ qù cāntīng.

下面这两个句子用问句怎么说? How to ask questions about locations for the following two sentences?

① 耳机在 黑色的 旅行包里。_____?
　　Ěrjī zài hēisè de lǚxíngbāo lǐ. _____?

② 电视 旁边 有 电热壶。_____?
　　Diànshì pángbiān yǒu diànrèhú. _____?

★ ……吧? 这儿的"吧"表示一种猜测。The modal particle "ba 吧" often gives the statement a tone of uncertainty. If one forms an estimation of something, and yet is not quite sure if it is true or not, he/she can use "吧 ba" at the end of the sentence with question mark.

A: 是 红茶 吧?
　　Shì hóngchá ba?

B: 不 是 红茶, 是 花茶。
　　Bú shì hóngchá, shì huāchá.

A: 他 是你哥哥 吧?
　　Tā shì nǐ gēge ba?

B: 对, 是我哥哥。
　　Duì, shì wǒ gēge.

★ 名词/代词 + 呢? 这儿的"呢"是"在哪儿"的意思。Noun/Pron. + ne? The "呢 ne" here indicates "where".

A: 妈妈 呢?
　　Māma ne?

B: 在 家。
　　Zài jiā.

A: 我的 手机 呢?
   Wǒ de shǒujī ne?

B: 在 你的 书包 里 吧?
   Zài nǐ de shūbāo lǐ ba?

请看下面的问句，用"哪儿"或"呢"填空 Look at the following sentences, and fill in the blanks with "nǎr" or "ne"

① A: 你去_____?
     Nǐ qù nǎr?

   B: 我 去 餐厅。
      Wǒ qù cāntīng.

② A: 我 的 拖鞋_____?
     Wǒ de tuōxié_____?

   B: 在 那儿。
      Zài nàr.

★ "动词/形容词 + 不/没 + 动词/形容词"构成正反问句 The structure of "verb/adj. + bù/méi + verb/adj." is used in an affirmative and negative question. The affirmative and negative question sentence is another form of question by juxtaposing the affirmative and negative forms of the main element of the predicate (the predicate verb or adjective). Such a question functions the same as a general question with the particle "吗 ma" (but never with "吗 ma").

去 不 去?   吃 不 吃?   有 没有?
Qù bu qù?   Chī bu chī?   Yǒu méi yǒu?

好 不 好?   贵 不 贵?
Hǎo bu hǎo?   Guì bu guì?

A: 你去不去?
   Nǐ qù bu qù?

B: 不 去。
   Bú qù.

A: 你的手机 贵 不 贵?
   Nǐ de shǒujī guì bu guì?

B: 很 贵。
   Hěn guì.

发现：交际汉语入门（上）

下面的句子对不对？ Are the following sentences correct or not?

① 你 有 没有 充电器 吗？　　　　　　　　　　　　　（　　）
　　Nǐ yǒu méi yǒu chōngdiànqì ma?

② 烤鸭 很 好吃 不 好吃？　　　　　　　　　　　　　（　　）
　　Kǎoyā hěn hǎochī bu hǎochī?

★ 方位词 Nouns of locality, position words

上边 shàngbian　　　　下边 xiàbian　　　　左边 zuǒbian
右边 yòubian　　　　　前边 qiánbian　　　后边 hòubian
里边 lǐbian　　　　　　外边 wàibian　　　旁边 pángbiān

"边"可儿化，念作"边儿"；除了"旁边"以外，其他方位词中的"边"也可以用"面/面儿"替换。如"上面"。"儿" could be attached after "biān 边";and biān 边 in all the location words could be taken placed by 面/面儿 miàn/miànr except pángbiān. For example, 上边（儿）shàngbian(r) and 上面（儿）shàngmian(r) are both acceptable.

★ "人/物 + 在 +（名词 +）方位词" "人/物（+方位词）+ 有 + 名词" 都表示存在 "somewhere + 有 + Somebody/something" "Somebody/something + 在 + somewhere" both indicate existence.

A: 电梯 在 哪儿？
　　Diàntī zài nǎr?

B: 电梯 在 卫生间 旁边。
　　Diàntī zài wèishēngjiān pángbiān.

A: 小王 在 哪儿？
　　Xiǎo Wáng zài nǎr?

B: 小王 在 房间 里。
　　Xiǎo Wáng zài fángjiān lǐ.

A: 房间 里有 没 有 热水？
　　Fángjiān lǐ yǒu méi yǒu rèshuǐ?

B: 电视 旁边 有 电热壶。
　　Diànshì pángbiān yǒu diànrèhú.

想一想，还有什么问题？ Do you have other questions?

四、记忆、巩固和提升 MEMORIZE, CONSOLIDATE, AND UPGRADE

两人一组，先认读方框中的词语，然后互问互答
Pair work: please recognize the expressions in the box with your partner. One asks questions according to the parts underlined, and the other answers question

1. A: <u>拖鞋</u> 在 哪儿?
   <u>Tuōxié</u> zài nǎr?

   B: 在 那儿。
   Zài nàr.

   > 电热壶 diànrèhú
   > 充电器 chōngdiànqì
   > 我的耳机 wǒ de ěrjī

2. A: <u>(这) 是 红茶</u> 吧?
   <u>(zhè)shì hóngchá</u> ba?

   B: 对。
   Duì.

   > 你 nǐ　　　是老师 shì lǎoshī
   > 包子 bāozi　是甜的 shì tián de
   > 你们 nǐmen　星期四走 xīngqīsì zǒu

3. A: <u>耳机</u> 在 哪儿?
   <u>ěrjī</u> zài nǎr?

   B: <u>耳机</u> 在 <u>黑色的 旅行包 里</u>。
   <u>ěrjī</u> zài <u>hēisè de lǚxíngbāo lǐ</u>.

   > Mp3 Mp sān　房间里 fángjiān lǐ
   > 茶 chá　　　茶几上 chájī shang
   > 拖鞋 tuōxié　床 (bed) 下边 chuáng xiàbian

4. A: <u>我 的 耳机</u> 呢?
   <u>Wǒ de ěrjī</u> ne?

   B: 在 <u>茶几 上</u>。
   Zài <u>chájī shang</u>.

   > 你的朋友 (friend)　他的房间里
   > nǐ de péngyou　　 tā de fángjiān lǐ
   > 我的钱包 (wallet)　床上
   > wǒ de qiánbāo　　chuáng shang

5. A: <u>房间 里</u> <u>有 没 有</u> <u>热水</u>?
   <u>Fángjiān lǐ</u> <u>yǒu méi yǒu</u> <u>rèshuǐ</u>?

   B: 有。
   Yǒu.

   > 你　有没有　　北京地图 (map)
   > nǐ　yǒu méi yǒu　Běijīng dìtú
   > 他　是不是　　美国人
   > tā　shì bu shì　Měiguó rén
   > 你　吃不吃　　辣的菜
   > nǐ　chī bu chī　là de cài

五、用汉语完成任务 TASKS IN CHINESE

（一）我是机器人：方位词练习 Locality words practice: I am a robot

1. 两人一组活动：一个人发出命令说方位词，另一人为机器人，用手指示方位；看看哪组配合得最好，选出动作最快的机器人
   Pair work: One gives order of the position words, and the other is the robot pointing the position according to the order. Let's find out which robot is able to point quickly and correctly

2. 最好的机器人到教室前边，成为全班的司令官。他指示方位，全班同学一起说方位词
   The best robot turns to be the commander of the whole class. He points the position in the front of the classroom quickly, and the other students say the right position words aloud

（二）我的秘密——猜猜我的神奇包里有什么 My secret: guess what's in my magic bag

1. 每个同学有一个神奇的包，可以放很多东西。请往你的包里放五件东西，注意不要让你的朋友知道
   Every student in the class has a magic bag, in which you could put lots of things. Please select five items and keep secret from your partner

2. 小组活动：请用"你的包里有没有……？"或"你的包里有……吧？"问你的朋友，猜猜他的包里有什么。每个同学有两分钟的时间。看看谁能在两分钟里猜出所有的东西 Pair work: please ask your friend what is in his bag. Attention: do not use "shénme" in your question, but with "Nǐ de bāo lǐ yǒu méi yǒu……" or "Nǐ de bāo lǐ yǒu……ba". Every student is given two minutes to guess. Let's see who can guess all the items in your partner's bag in two minutes

（三）班级采访 Class interview

1. 询问至少三个同学下列问题，然后填表
   Asking at least three students the following questions, and fill in the form with their answers

   1) 你的 房间 里 有 茶几 和 柜子 吗？
      Nǐde fángjiān lǐ yǒu chájī hé guìzi ma?

   2) 你的 桌子 (table) 上 有 什么？
      Nǐ de zhuōzi shang yǒu shénme?

第 6 课　我的耳机呢？

3) 你的　床 (bed) 在 桌子　旁边　吗？
Nǐ de　chuáng　zài zhuōzi　pángbiān ma?

4) 你　的 鞋 / 电脑　在哪儿？
Nǐ　de xié/diànnǎo　zài nǎr?

5) 你 住 的 楼 里 有 没 有 电梯？
Nǐ zhù de lóu lǐ yǒu méi yǒu diàntī?

问题 名字	你的房间里有茶几和柜子吗？	你的桌子上有什么？	你的床在桌子旁边吗？	你的鞋/电脑在哪儿？	你住的楼里有没有电梯？
1.					
2.					
3.					

2. 请根据一位同学的回答，介绍一下他的情况
   Please introduce one student's information according to his answer

   _____的　房间　里 有_____, 没有_____。
   _____de fángjiān　lǐ yǒu_____, méiyǒu_____.

   桌子　　上 有_____, 床 在_____。
   Zhuōzi　shang yǒu_____, chuáng zài_____.

六、用语言做事 REAL LIFE ACTIVITIES

（一）语言准备 Language preparation

1. 听写并朗读这些句子 Dictation: please write down the sentences, read aloud and memorize them

   （1）_____。

   （2）_____。

   （3）_____。

   （4）_____。

   （5）_____。

2. 请用"吧"和下列词语问问题 Please make questions to guess with "吧 ba" by using the following words to guess

例：是 shì，你是中国人吧？

（1）喜欢 xǐhuan

（2）好吃 hǎochī

（3）甜 tián

（4）多 duō

（5）常 cháng

3. 完成对话 Complete the following dialogues

（1）拖鞋 不 在 桌子 下边，在_____。
　　 Tuōxié bú zài zhuōzi xiàbian. zài_____.

（2）你的 耳机 不 在 旅行包 里，在_____。
　　 Nǐ de ěrjī bú zài lǚxíngbāo lǐ, zài_____.

（3）桌子 上 的 不 是 红茶，是_____。
　　 Zhuōzi shang de bú shì hóngchá, shì_____.

（4）这儿 有 银行、餐厅 和 邮局，没有_____。
　　 Zhèr yǒu yínháng、cāntīng hé yóujú, méi yǒu_____.

（5）我 不 要 热水，要_____。
　　 Wǒ bú yào rèshuǐ, yào_____.

（6）我 想 明天 下午 去，不 想_____。
　　 Wǒ xiǎng míngtiān xiàwǔ qù, bù xiǎng_____.

（二）社会扩展活动：预订房间小彩排 Social activities: booking a room rehearsal

1. 询问房间条件："请问，你们的房间里有没有……？"

　　中国宾馆的房间里有什么，你知道吗？请你给一家宾馆打电话预订房间，用汉语问问他们的房间里有下面这些东西吗？如果可能的话，请录音。打完电话以后，完成下面的调查表，并总结你觉得这家宾馆怎么样？Do you know what there are in the hotel rooms? Please call a hotel to book a room. Please make a recording if possible. Ask the reception desk if they have the stuffs in the following form. Fill in the form and sum up.

第 6 课　我的耳机呢？

房间里有没有……？	有	没有
电热壶 diànrèhú		
拖鞋 tuōxié		
毛巾 máojīn		
洗发水 xǐfàshuǐ		
吹风机 chuīfēngjī		
牙膏 yágāo		
无线网 wúxiàn wǎng		

2. 询问早餐："请问，早饭有没有……？"

这家宾馆提供早饭吗？他们的早饭有什么？Does the hotel offer breakfast? What do they supply for breakfast? Please do the following investigation and fill in the form.

早饭有没有……？	有	没有
茶 chá		
咖啡 kāfēi		
牛奶 niúnǎi		
煎鸡蛋 jiānjīdàn		
面包 miànbāo		
果汁儿 guǒzhīr		

3. 请总结一下，这家宾馆的房间里有什么？他们提供的早饭有什么？你喜欢这家宾馆吗
Please sum up, what are there in the hotel room, and what do they supply for the breakfast? Do you like this hotel?

宾馆的名字：_____

Hotel name: _____

七、词语库 WORDS AND EXPRESSIONS

（一）生词表 New words list

1. 拖鞋	tuōxié	（名）	slippers
2. 哪儿	nǎr	（代）	where
3. 换	huàn	（动）	to change
4. 鞋	xié	（名）	shoes
5. 茶几	chájī	（名）	tea table
6. 上（边）	shàng (bian)	（名）	top
7. 还	hái	（副）	still, yet
8. 茶	chá	（名）	tea
9. 红茶	hóngchá	（名）	black tea
10. 花茶	huāchá	（名）	scented tea, jasmine tea
11. 喂	wèi	（叹）	hello, hey
12. 耳机	ěrjī	（名）	earphone, headphone
13. 呢	ne	（助）	a particle used after a noun implying a question
14. 黑色	hēisè	（名）	black
15. 旅行包	lǚxíngbāo	（名）	traveling bag
16. 充电器	chōngdiànqì	（名）	battery charger
17. 儿子	érzi	（名）	son
18. 服务台	fúwùtái	（名）	reception desk, service counter
19. 热	rè	（形）	hot
20. 卫生间	wèishēngjiān	（名）	toilet
21. 打开	dǎ kāi		to open, to turn on, to switch on
22. 水龙头	shuǐlóngtóu	（名）	faucet
23. 洗澡	xǐ zǎo		to take a bath, to have a shower
24. 啊	a	（助）	a particle used at the end of a sentence
25. 电视	diànshì	（名）	television
26. 旁边	pángbiān	（名）	side
27. 电热壶	diànrèhú	（名）	electric kettle

（二）相关链接 Related links

查查词典，看看它们是什么意思
Look up the dictionary and find out the meanings of the following words

用品 yòngpǐn articles	意思 yìsi meaning	用品 yòngpǐn articles	意思 yìsi meaning
沙发 shāfā		电话 diànhuà	
床 chuáng		毛巾 máojīn	
椅子 yǐzi		牙刷 yáshuā	
台灯 táidēng		牙膏 yágāo	
冰箱 bīngxiāng		洗发水 xǐfàshuǐ	

从相关链接中选出五个对你最有用的词，写一写 Please select five useful words in the *Related links* above, and write in the following blank space

1. _____ 2. _____ 3. _____ 4. _____ 5. _____

八、生活剪影 LIFE SKETCH

你 爱 喝 茶 吗？
Nǐ ài hē chá ma?

大部分 中国人 都 爱 喝 茶，不爱 喝 咖啡。中国 人 相信 茶
Dàbùfen Zhōngguórén dōu ài hē chá, bú ài hē kāfēi. Zhōngguó rén xiāngxìn chá
有 很 多 好处，喝了 身体 也 觉得 非常 舒服。茶 是 我们 生活 中 很
yǒu hěn duō hǎochù, hēle shēntǐ yě juéde fēicháng shūfu. Chá shì wǒmen shēnghuó zhōng hěn

重要　　的一　部分。客人来了，第一　件　事就是　给　客人沏一　杯热热的
zhòngyào　de yí　bùfen. Kèrén lái le,　dì yī　jiàn　shì jiù shì　gěi　kèrén qī yì　bēi rèrè de
茶，然后　喝着茶　谈话。
chá, ránhòu　hēzhe chá　tán huà.

采茶 cǎi chá

炒茶 chǎo chá

茶店 chádiàn

茶艺 cháyì

茶具 chájù

品茶 pǐn chá

一、"语言热身"答案 The key to Let's warm up

鞋 xié / Shoes
手机 shǒujī / cellphone
充电器 chōngdiànqì / charger
旅行包 lǔxíngbāo / travel bag
地图 dìtú / map
MP3 mp sān / mp3

拖鞋 tuōxié / slippers
耳机 ěrjī / earphone
钱包 qiánbāo / wallet
电脑 diàndǎo / computer
茶 chá / tea
杯子 bēizi / cup

六（一）1. "听写并朗读这些句子"答案 The answer of dictation

（1）拖鞋在哪儿？
（2）是红茶吧？
（3）我的耳机呢？
（4）在黑色的旅行包里。
（5）电视旁边有电热壶。

第 7 课

 在天安门的东边

一、语言热身 LET'S WARM UP!

我的词典 MY DICTIONARY 1

1 找到与"我的词典"中的词语相对应的图片，然后朗读词语
Match the words in My Dictionary with the corresponding pictures, and read these words aloud

a. 公共汽车 / gōnggòng qìchē / bus
b. 地铁 / dìtiě / subway
c. 车站 / chēzhàn / bus stop
d. 公交卡 / gōngjiāokǎ / transport card
e. 售票员 / shòupiàoyuán / ticket seller, box office clerk

2 复习学过的方位词，介绍一下你的前后左右都有谁

Review the position words that we learned, and introduce the people around

我的词典 MY DICTIONARY 2

前（边）	后（边）	左（边）	右（边）	旁边	中间
qián (bian)	zòu (bian)	zuǒ (bian)	yòu (bian)	pángbiān	zhōngjiān
front	behind	left (side)	right (side)	next to	between, middle

○ 句式 pattern

……在……
zài

3 船长指方向 Captain pointing directions

（1）现在我们在一艘船上，你是船长。请告诉大家哪边是"东"，哪边是"西"，哪边是"南"，哪边是"北"。请把"我的词典3"中的方向写在图片边，然后朗读词语

You are a captain on a ship now. Please tell us where is the East, the West, the North, and the South. Please mark the right direction words in the following boxes from My Dictionary, and read these words aloud

1

2

3

4

第7课 在天安门的东边

我的词典 MY DICTIONARY 3

东(边)	西(边)	南(边)	北(边)
dōng (bian)	xī (bian)	nán (bian)	běi (bian)
east	west	south	north

（2）小组活动：两个同学一组，一个人是船长，一个人是水手。船长下命令，说方向，水手要尽快指示出方向。看看哪组的船长和水手配合得最好。
Group work: two students a group. One is the captain, and the other is a sailor. The captain gives orders of directions, and the sailor points the directions by fingers as soon as possible. Let's see which group is the best match.

① 东 dōng → 南 nán → 西 xī → 北 běi
② 东 dōng → 西 xī → 南 nán → 北 běi
③ 南 nán → 北 běi → 东 dōng → 西 xī

> 提示：
> 中国人习惯怎么说这几个方向，你知道吗？是①，②，还是③？
> Do you know what the Chinese way is to say the four directions? Is it ①, ②, or ③?

4 交通咨询台 Transportation information center

（1）下面这些交通方式，用汉语怎么说？请用拼音标注在图片旁边
Please mark the following transportation modes with pinyin by the pictures

145

（2）一位游客在你们城市旅行，他要去以下目的地，但是他不知道应该采用什么交通方式。你是交通咨询台的服务人员，请告诉他这些地方应该怎么去
A tourist is travelling in your city. He is going to the following destinations, but he doesn't know how to get those places. You work at the transportation information center. Please tell the tourist the best transportation modes

请问， 我 怎么 去……?
Qǐngwèn, wǒ zěnme qù……?

上海 Shànghǎi

博物馆 bówùguǎn

机场 jīchǎng

汽车站 qìchēzhàn

火车站 huǒchēzhàn

银行 yínháng

邮局 yóujú

故宫 gùgōng

5 大声朗读句子，想一想这些句子的意思
Read the following sentences aloud and think about the meaning of the sentences

(1) 博物馆 在 天安门 的 东边。
Bówùguǎn zài Tiān'ānmén de dōngbian.

(2) 我们 可以 坐 1 路 公共 汽车 去。
Wǒmen kěyǐ zuò yī lù gōnggòng qìchē qù.

(3) 天安门 站 到 了，我们 下 车 吧。
Tiān'ānmén zhàn dào le, wǒmen xià chē ba.

(4) 广场 上 人 真 多 啊。
Guǎngchǎng shang rén zhēn duō a.

(5) 千万 别 丢 了。
Qiānwàn bié diū le.

二、身在其中 IN THE SCENE

1 情景对话 1 Scene 1

◎（艾玛一家在大街上 Emma, Martin and Mike are on the street）

（1）看图片，听一遍对话一录音。听后回答下列问题
Look at the picture and listen to the recording. Then answer the question

马丁一家在商量什么？　（What are they talking about?）

（2）根据对话一判断下面的说法是否正确
True or false: please judge if the following statements are correct according to Dialogue 1

① 今天　他们　要　去　天安门　看看。
Jīntiān tāmen yào qù Tiān'ānmén kànkan. ☐

② 博物馆　在　天安门　的　东边。
Bówùguǎn zài Tiān'ānmén de dōngbian. ☐

③ 他们　坐　公共　汽车　去。
Tāmen zuò gōnggòng qìchē qù. ☐

（3）朗读对话1：注意发音和语气
Please read Dialogue 1 aloud, and pay attention to the pronunciation and the tone

艾玛：　马丁，今天　我们　去　博物馆　看看，怎么样？
Àimǎ:　Mǎdīng, jīntiān wǒmen qù bówùguǎn kànkan, zěnmeyàng?

马丁：　好啊。怎么　去？
Mǎdīng:　Hǎo a. Zěnme qù?

艾玛：　博物馆　在　天安门　的　东边，我们　可以　坐 1
Àimǎ:　Bówùguǎn zài Tiān'ānmén de dōngbian, wǒmen kěyǐ zuò yī

　　　路　公共　汽车　去。
　　　lù gōnggòng qìchē qù.

马丁：　对，坐　公共　汽车　可以　看看　街景。
MǎDīng:　Duì, zuò gōnggòng qìchē kěyǐ kànkan jiējǐng.

2 情景对话2 Scene 2

◎（在公共汽车上 On the bus）

（1）听录音，想一想一张票多少钱，在图片下边标出来
Listen to the recording, and figure out how much a ticket costs. Choose the right answer

（2）听第二遍录音，一边听一边跟说。然后请根据对话内容，完成下面的句子填空
Listen to the recording for the second time, and try to repeat while listening. Then complete the following conversation according to Dialogue 2

（3）朗读对话 2：注意发音和语气
Please read Dialogue 2 aloud, and pay attention to the pronunciation and the tone

马丁： 买 三 张 票。
Mǎdīng: Mǎi sān zhāng piào.

售票员： 三 块。
Shòupiàoyuán: Sān kuài.

马丁： 到 天安门 的 时候，麻烦 告诉 我们 一下。
Mǎdīng: Dào Tiān'ānmén de shíhou, máfan gàosu wǒmen yíxià.

售票员： 没问题。
Shòupiàoyuán: Méi wèntí.

3 情景对话 3 Scene 3

◎ （他们下车了 The family are getting off）

（1）请读下面的句子并排序，然后听录音，看看你做得对不对
Please read and number the following sentences, then listen to the recording, and check if you are right

( ) 广场 上 人 真 多 啊。
　　 Guǎngchǎng shang rén zhēn duō a.

( ) 麦克，跟 好 了。 千万 别 丢 了。
　　 Màikè, gēnhǎo le. Qiānwàn bié diū le.

( ) 可不是。 北京 市 的 中心 嘛。
　　 Kěbùshì. Běijīng shì de zhōngxīn ma.

( ) 天安门 站 到 了，我们 下 车 吧。
　　 Tiān'ānmén zhàn dào le, wǒmen xià chē ba.

（2）听第二遍录音，一边听一边跟说。然后请根据对话内容，完成下面的句子填空
Listen to the recording for the second time, and try to repeat while listening. Then complete the following conversation according to Dialogue 3

艾玛 Àimǎ

广场 上 人 真 多 啊。
Guǎngchǎng shang rén zhēn duō a.

马丁 Mǎdīng

可不是。_____。
Kěbùshi._____.

（3）朗读对话 3：注意发音和语气
Please read Dialogue 3 aloud, and pay attention to the pronunciation and the tone

马丁： 天安门 站 到 了, 我们 下 车 吧。
Mǎdīng: Tiān'ānmén zhàn dào le, wǒmen xià chē ba.

艾玛： 广场 上 人 真 多 啊。
Àimǎ: Guǎngchǎng shang rén zhēn duō a.

马丁： 可不是。 北京 市 的 中心 嘛。
Mǎdīng: Kěbùshi. Běijīng shì de zhōngxīn ma.

艾玛： 麦克, 跟 好 了。 千万 别 丢 了。
Àimǎ: Màikè, gēnhǎo le. Qiānwàn bié diū le.

"可不是"表示同意说话人的说法。"kěbùshi" here means to agree with the other speaker's point.

三、发现语言现象 FINDING GRAMMAR POINTS

与同伴研究一下,下面的句子有什么特点。你还可以说出这样的句子吗？
Try to find language points in the following sentences with your partner. Could you figure out the meaning and function of the patterns by yourself? Can you make similar sentences with the points?

★ 疑问词"怎么"构成问句 Make questions with the question word "怎么 zěnme"

A: 我们 怎么 去?
   Wǒmen zěnme qù?

B: 坐 公共 汽车 去。
   Zuò gōnggòng qìchē qù.

A: 筷子 怎么 拿?
   Kuàizi zěnme ná?

B: 看, 这样 拿。
   Kàn, zhèyàng ná.

我的句子：My sentences
① A:　　　　　　　　B:
② A:　　　　　　　　B:

★ 情态动词"可以"　The auxiliary verb "kěyǐ"

（1）表示情理上的允许 The auxiliary verb "可以 kěyǐ" here denotes a reasonable permission and allowance

A: 我 可以 用 一下儿 你的 耳机 吗?
　　Wǒ kěyǐ yòng yíxiàr nǐ de ěrjī ma?

B: 可以，用 吧。
　　Kěyǐ, yòng ba.

A: 我 可以 抽 烟 吗?
　　Wǒ kěyǐ chōu yān ma?

B: 不 行。
　　Bù xíng.

（2）表示客观条件许可 The auxiliary verb "kěyǐ" here indicates an objective permission and allowance depending on circumstances

我们 可以 坐 公共 汽车 去。
Wǒmen kěyǐ zuò gōnggòng qìchē qù.

冬天 可以 滑 雪。
Dōngtiān kěyǐ huá xuě.

下面的句子对不对？Are the following sentences correct?

① 你 在 这儿 可以 等 车。　　　（　　）
　　Nǐ zài zhèr kěyǐ děng chē.

② 我们 可以 在 饭店 休息 一天。　（　　）
　　Wǒmen kěyǐ zài fàndiàn xiūxi yì tiān.

★ "嘛"有"当然，显而易见"的意思。 The particle "嘛 ma" indicates that it is obvious, apparent.

艾玛： 广场 上 人 真 多 啊。
Àimǎ: Guǎngchǎng shang rén zhēn duō a.

马丁： 可不是。北京 市 的 中心 嘛。
Mǎdīng: Kěbùshi. Běijīng shì de zhōngxīn ma.

A: 烤鸭 真 好吃。
Kǎoyā zhēn hǎochī.

B: 全聚德 的 嘛。
Quánjùdé de ma.

★ "别……了"：常表示劝阻。 The pattern "bié + V……le" is used to dissuade, or advise somebody not to do something.

A: 太 累 了，别 去 了。
Tài lèi le, bié qù le.

B: 好 吧。
Hǎo ba.

★ "千万别……了"：表示叮咛。The word qiānwàn preceding bié is used to emphasize the dissuasion.

A: 我 一个 人 去。
Wǒ yí ge rén qù.

B: 千万 别 丢 了。
Qiānwàn bié diū le.

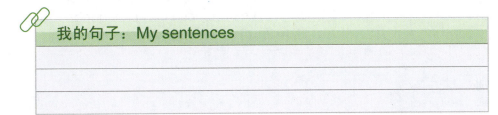

想一想，还有什么问题？ Do you have other questions?

发现：交际汉语入门（上）

四、记忆、巩固和提升 MEMORIZE, CONSOLIDATE, AND UPGRADE

两人一组，先认读方框中的词语，然后互问互答
Pair work: please recognize the expressions in the box with your partner. One asks questions according to the parts underlined, and the other answers questions

1. A: <u>Map</u> 用 汉语 怎么 <u>说</u>？
   <u>Map</u> yòng Hànyǔ zěnme <u>shuō</u>?

   B: 这样 说。
   zhèyàng shuō.

   > 烤鸭 kǎoyā　　　　吃 chī
   > 这个字 (character) zhè ge zì 念 (to read) niàn
   > 你的名字 nǐ de míngzi 写 xiě

2. A: 我们 怎么 办？
   Wǒmen zěnme bàn?

   B: <u>我们</u> 可以 <u>坐 1 路 公共 汽车 去</u>。
   <u>Wǒmen</u> kěyǐ <u>zuò yī lù gōnggòng qìchē qù</u>.

   > 我们 wǒmen　　　问问警察 (policeman) wènwen jǐngchá
   > 你们 nǐmen　　　打包带走 (take out) dǎ bāo dàizǒu
   > 你们 nǐmen　　　坐在这儿 zuò zài zhèr

3. A: <u>到 天安门</u> 的 时候，<u>麻烦 告诉 我们 一下儿</u>。
   <u>Dào Tiān'ānmén</u> de shíhou, <u>máfan gàosu wǒmen yíxiàr</u>.

   B: 好 的。
   Hǎo de.

   > 到北京 dào Běijīng　给我们打电话 Gěi wǒmen dǎ diànhuà
   > 坐车 zuò chē　　听听音乐 (listen to music) tīngtīng yīnyuè
   > 下车 xià chē　　别忘了东西 (Don't forget your belongings) bié wàngle dōngxi

4. A: <u>天安门</u> 站 到 了。
   <u>Tiān'ānmén</u> zhàn dào le.

   B: 我们 下 车 吧。
   Wǒmen xià chē ba.

   > 首都机场 (The Capital Airport) Shǒudū jīchǎng
   > 故宫 (The Forbidden City) Gùgōng
   > 颐和园 (The Summer Place) Yíhéyuán

5. A: 千万 别 <u>丢</u> 了。
   Qiānwàn bié <u>diū</u> le.

   B: 放 心 (rest assured) 吧。
   Fàng xīn de.

   > 忘 wàng
   > 买 mǎi
   > 吃 chī

154

第 7 课　在天安门的东边

五、用汉语完成任务 TASKS IN CHINESE

（一）首都北京 Beijing The Capital of the People's Public of China

1. 下面是北京的一些有名的地方，跟同伴练习说这些地名，请注意发音和声调
   Here are some famous places in Beijing. Practice and memorize them in pairs. Please pay attention to pronunciation and the tone

   A. 天安门广场　　　　Tiān'ānmén Guǎngchǎng / The Tiananmen Square
   B. 首都机场　　　　　Shǒudū Jīchǎng / The Capital Airport
   C. 故宫　　　　　　　Gùgōng / The Forbidden City
   D. 颐和园　　　　　　Yíhéyuán / The Summer Place
   E. 国家博物馆　　　　Guójiā Bówùguǎn / The National Museum of China
   F. 国家大剧院　　　　Guójiā Dàjùyuàn / National Center for the Performing Arts
   G. 天坛　　　　　　　Tiāntán / The Temple of Heaven
   H. 国家体育场（鸟巢）　Guójiā Dàjùyuàn (Niǎocháo) / Beijing National Stadium

2. 看看下面这些图片，说一说它们是哪儿。从上面的表格中找到正确的名字并写在图片下面
   Please look at the following pictures, find their names above, and write doun

(1) 故宫 Gùgōng

(2) _____

(3) _____

(4) _____

155

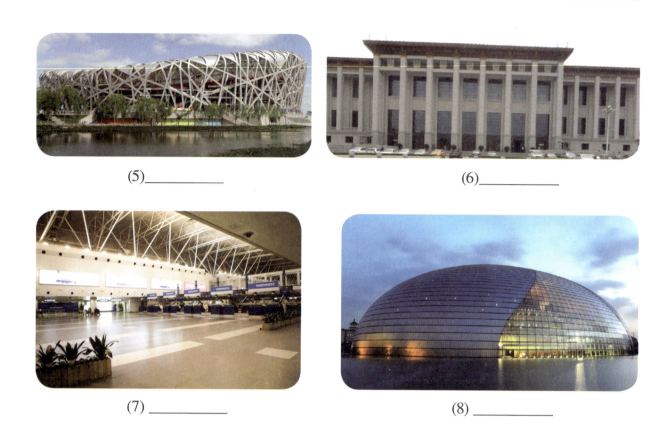

(5)＿＿＿＿＿＿ (6)＿＿＿＿＿＿

(7)＿＿＿＿＿＿ (8)＿＿＿＿＿＿

（二）我们去哪儿玩儿 Where shall we go to have fun

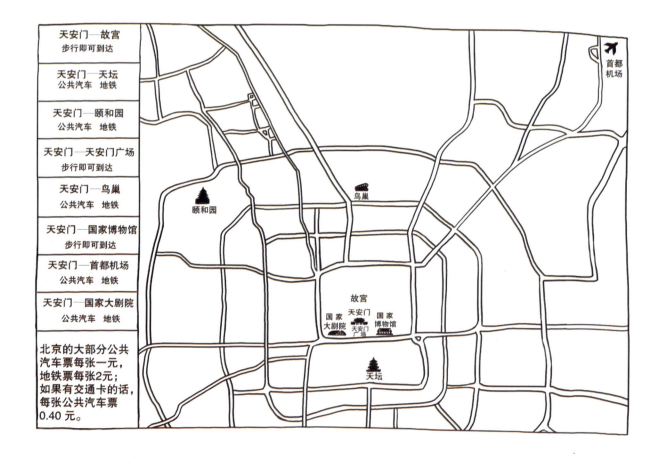

1. 现在你在天安门广场,你想去国家博物馆,可是不知道怎么走。请根据课文内容,回答下面四个问题

   Now you are in the Tian'anmen Square, and you are going to the National Museum, but you don't know how to get there. Please answer the following questions

   （1） 国家　博物馆　在 哪儿?
   　　　Guójiā　Bówùguǎn　zài nǎr?

   （2） 去　国家　博物馆　怎么　坐 车?
   　　　Qù　Guójiā　Bówùguǎn　zěnme　zuò chē?

   （3） 一　张　票　多少　钱?
   　　　Yì　zhāng　piào　duōshao　qián?

   （4） 汽车　票　贵 不　贵?
   　　　Qìchē　piào　guì bu　guì?

2. 从 p156 的地图中选取两个地方,写在表格第一列的 2、3 格中,问问你的朋友,这两个地方在哪儿,怎么坐车? 如果你们都不知道,就问问老师

   Please select two places randomly in the map on p.156, and fill in the 2nd and 3rd box of the first column. Ask your partner the four questions. If neither of you know the answer, ask your teacher

地方＼问题	……在哪儿?	去……怎么坐车?	一张票多少钱?	……票贵不贵?
1. 国家博物馆				
2.				
3.				

3. 按照表格的内容,介绍一下怎么去某个著名景点

   Please introduce how to get one tourist destination according to the information above

   _____在_____。 想　去_____,可以　坐_____。 一 张
   　　　　zài　　　　　. Xiǎng　qù_____, kěyǐ zuò_____. Yì zhāng
   票_____,_____。
   piào_____,_____.

六、用语言做事 REAL LIFE ACTIVITIES

（一）语言准备 Language preparation

1. 听写并朗读这些句子 Dictation: please write down the sentences, read aloud and memorize them

   （1）_____。

   （2）_____。

   （3）_____。

   （4）_____。

   （5）_____。

2. 模仿例句，说出你的一个建议 Please make suggestions by imitating the example

   例： 今天 我们 去 王府井 逛逛， 怎么样？
   Jīntiān wǒmen qù Wángfǔjǐng guàngguang, zěnmeyàng?

   （1）_____看看， 怎么样？
   　　 _____kànkan, zěnmeyàng?

   （2）_____餐厅_____， 怎么样？
   　　 _____cāntīng_____, zěnmeyàng?

   （3）这 个 星期天_____， 怎么样？
   　　 Zhè ge xīngqītiān_____, zěnmeyàng?

   （4）_____两 瓶 啤酒， 怎么样？
   　　 _____liǎng píng píjiǔ, zěnmeyàng?

   （5）_____买_____， 怎么样？
   　　 _____mǎi_____, zěnmeyàng?

3. 完成对话 Please complete the following dialogues

   （1） A：天安门 在 哪儿？
   　　　　 Tiān'ānmén zài nǎr?

   　　　 B：_____。

（2）A：去　天安门　可以　坐　什么　车？
　　　　Qù Tiān'ānmén kěyǐ zuò shénme chē?

　　　B：_____。

（3）A：教室　的　东边　是　哪儿？
　　　　Jiàoshì de dōngbian shì nǎr?

　　　B：_____。

（4）A：坐　汽车，一　张　票　多少　钱？
　　　　Zuò qìchē, yì zhāng piào duōshao qián?

　　　B：_____。

（5）A：故宫　在　哪儿？你　知道　吗？
　　　　Gùgōng zài nǎr? Nǐ zhīdào ma?

　　　B：_____。

（二）社会扩展活动：我的中国日记 Social activities: my Chinese diary

1. 我的中国城市地图 My Chinese city map

你住在中国的哪座城市？你们大学在这座城市的什么部分？除了你们大学以外，你还去过哪些地方？这些地方在哪儿？请简单地画一张所在城市的手绘地图，要求地图上至少标出来五个地方。

Which city do you live in China? Where is your university in the city? Where have you been besides your university? Please draw a map of your Chinese city. Mark at least five places with Chinese names on your map.

我的手绘地图　My hand-painted map

2. 我在中国的公交经历 My public transportation experience in China

来中国以后，你坐过公共汽车吗？坐过地铁吗？租过自行车吗？请你尝试着体验一下中国的公交系统，看看需要买票还是公交卡。体验的时候，别忘了拍照片。下次上课的时候给大家看一看你的照片。

Have you taken Chinese public transportation vehicles? Did you go somewhere by bus or subway? Did you rent a bicycle? Please try to experience Chinese public transportation vehicles, and figure out if you have to buy tickets or transportation cards. Don't forget to take photos. Show us next time.

七、词语库 WORDS AND EXPRESSIONS

（一）生词表 New words list

1.	博物馆	bówùguǎn	（名）	museum
2.	怎么	zěnme	（代）	how
3.	东（边）	dōng(bian)	（名）	the east, east
4.	可以	kěyǐ	（助动）	can, may
5.	坐	zuò	（动）	to sit, to travel by (a vehicle)
6.	路	lù	（名）	route, No. (for bus)
7.	公共	gōnggòng	（形）	public
8.	汽车	qìchē	（名）	automobile, car
9.	街景	jiējǐng	（名）	streetscape, street view
10.	张	zhāng	（量）	measure word (for paper, ticket, etc.)
11.	票	piào	（名）	ticket
12.	售票员	shòupiàoyuán	（名）	booking clerk
13.	到	dào	（动）	to reach, to get to (a place)
14.	时候	shíhou	（名）	(duration of) time
15.	麻烦	máfan	（动）	to bother, to trouble
16.	告诉	gàosu	（动）	to tell
17.	问题	wèntí	（名）	question, problem
18.	站	zhàn	（名）	stop, station
19.	下（车）	xià(chē)	（动）	to get off (a vehicle)
20.	广场	guǎngchǎng	（名）	square, plaza
21.	多	duō	（形）	many, much
22.	可不是	kěbùshi	（副）	exactly (used when responding in a conversation)
23.	市	shì	（名）	city
24.	嘛	ma	（助）	a particle used at the end of a sentence to emphasize that it is obvious
25.	中心	zhōngxīn	（名）	center

26. 跟	gēn	（动）	to follow, to go with
27. 千万	qiānwàn	（副）	to be sure to
28. 别	bié	（副）	don't
29. 丢	diū	（动）	to lose

专有名词 Proper Nouns

天安门	Tiān'ānmén	Tiananmen, Gate of Heavenly Peace, in Beijing. It is widely used as a national symbol. It is the entrance to the Imperial City, within which the Forbidden City is located.

（二）相关链接 Related links

查查词典，看看它们是什么意思
Look up the dictionary and find the meanings of the following words

交通词汇 jiāotōng cíhuì transportation words	意思 yìsi meaning	交通词汇 jiāotōng cíhuì transportation words	意思 yìsi meaning
地铁 dìtiě		上车 shàng chē	
出租车 chūzūchē		前门 qiánmén	
自行车 zìxíngchē		中门 zhōngmén	
飞机 fēijī		后门 hòumén	
火车 huǒchē		座位 zuòwèi	
船 chuán		机场 jīchǎng	

从相关链接中选出五个对你最有用的词，写一写 Please select five useful words in the *Related links* above, and write in the following blanks

1._____ 2._____ 3._____ 4._____ 5._____

八、生活剪影 LIFE SKETCH

北京 的 交通
Běijīng de jiāotōng

北京 的 交通 还是 比较 方便 的,公共 汽车 线路 很多,
Běijīng de jiāotōng háishì bǐjiào fāngbiàn de, gōnggòng qìchē xiànlù hěn duō,
地铁 也 正在 大力 发展。不过, 北京 交通 的 拥堵 现象
dìtiě yě zhèngzài dàlì fāzhǎn. Búguò, Běijīng jiāotōng de yōngdǔ xiànxiàng
也 很 严重。越来越 多 的人 会 利用 地铁 出行,又 快 又 省钱。
yě hěn yánzhòng. Yuè lái yuè duō de rén huì lìyòng dìtiě chūxíng, yòu kuài yòu shěng qián.

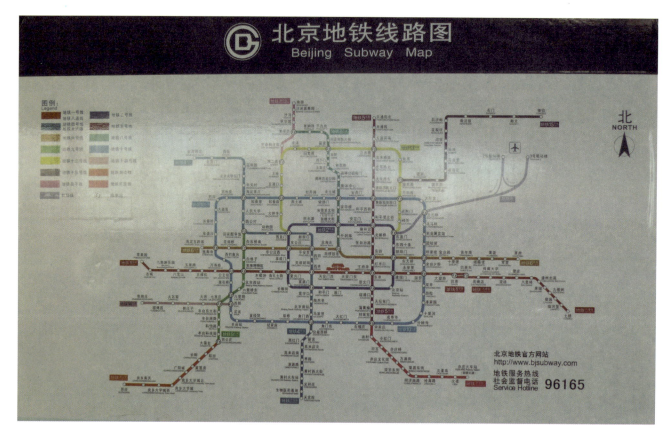

北京 地铁 路线图
Běijīng dìtiě lùxiàntú

六（一）1. "听写并朗读这些句子"答案 The answer of dictation

(1) 博物馆在天安门的东边。
(2) 我们可以坐1路公共汽车去。
(3) 天安门站到了，我们下车吧。
(4) 广场上人真多啊。
(5) 千万别丢了。

第 8 课

 我们快到了

一、语言热身 LET'S WARM UP!

我的词典 MY DICTIONARY

1 找到与"我的词典"中的词语相对应的图片，然后朗读词语
Match the words in My Dictionary with the corresponding pictures, and read these words aloud

a. 出租车 / Chūzūchē / Taxi, cab
b. 师傅 / shīfu / a master worker
c. 票 / piào / ticket
d. 巴士 / bāshì / bus
e. 到站 / Dàozhàn / to arrive at the bus stop
f. 停车 / tíngchē / to stop the car
g. 上车 / shàngchē / get on the car/bus
h. 下车 / xiàchē / get off the car/bus

第 8 课　我们快到了

2 头脑风暴：这些地方用汉语怎么说，请在图片下面写出拼音
Brain storm：Let's review how to say the following places in Chinese, and write down the names in pinyin

A _____

B _____

C _____

D _____

E _____

F _____

G _____

H _____

I _____

K _____

1　答案见本课后

3 看一看，听一听，说一说，想一想：听录音，说句子，想一想这几句话是谁说的？司机师傅还是乘客

Look, listen, speak, and think: look at the following pictures, listen to the recording and repeat after each sentence. Figure out who will say the sentences, the driver (sījī shīfu) or the passenger (chéngkè)

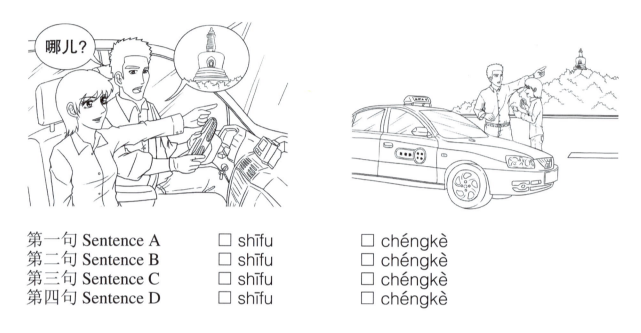

第一句 Sentence A　　☐ shīfu　　☐ chéngkè
第二句 Sentence B　　☐ shīfu　　☐ chéngkè
第三句 Sentence C　　☐ shīfu　　☐ chéngkè
第四句 Sentence D　　☐ shīfu　　☐ chéngkè

4 下面有十个形容词，其中有五对互为反义词，看看你能找出来几对，并用恰当的词填空

Look at the ten adj. words, forming five pairs of antonyms. Let's find them and fill in the blanks

| 早 zǎo | 远 yuǎn | 快 kuài | 多 duō | 热 rè |
| 近 jìn | 少 shǎo | 晚 wǎn | 慢 màn | 凉 liáng |

1) 师傅 说 话 太 快 了，请_____一点儿。
　　Shīfu shuō huà tài kuài le, qǐng_____ yìdiǎnr.

2) 六 点 起 床 太_____了，晚 一点儿 可以吗？
　　Liùdiǎn qǐ chuáng tài_____ le, wǎn yìdiǎnr kěyǐ ma?

3) 南 门 离这儿近，北 门_____一点儿。
　　Nánmén lí zhèr jìn, běi mén_____ yìdiǎnr.

4) 天安门 的人太 多 了，颐和园 的 人_____一点儿。
　　Tiān ānmén de rén tài dūo le, Yíhéyuán de rén_____ yìdiǎnr.

5) 这 个 茶 太 热 了，_____一点儿再喝。
   Zhè ge chá tài rè le,_____yìdiǎnr zài hē.

5 大声朗读句子，想一想这些句子的意思
Read the following sentences aloud and think about the meaning of the sentences

（1） 南 门 离 这儿 近。
Nánmén lí zhèr jìn.

（2） 那儿 就 是 北海 公园。
Nàr jiù shì Běihǎi Gōngyuán.

（3） 已经 四 点 多 了，公园 快 要 关 门 了。
Yǐjīng sì diǎn duō le, gōngyuán kuài yào guān mén le.

（4） 我们 得 快 一点儿。
Wǒmen děi kuài yìdiǎnr.

（5） 前边 不 能 停 车。
Qiánbian bù néng tíng chē.

二、身在其中 IN THE SCENE

1 情景对话 1 Scene 1

◎（艾玛一家正在招呼出租车 Emma, Martin and Mike are hailing a taxi）

167

（1）看图片，听一遍对话一录音。听后回答下列问题
Look at the picture and listen to the recording. Then answer the questions

> 马丁一家想去哪儿？（Where are they going？）
> 他们怎么去？（How can they get there？）

（2）根据对话一判断下面的说法是否正确
True or false: please judge if the following statements are correct according to Dialogue 1

① 现 在 他们 要 去 颐和园。
　 Xiàn zài tāmen yào qù Yíhéyuán. ☐

② 北门 离 这儿 远。
　 Běimén lí zhèr yuǎn. ☐

③ 他们 去 南门。
　 Tāmen qù nánmén. ☐

（3）朗读对话一：注意发音和语气
Please read Dialogue 1 aloud, and pay attention to the pronunciation and the tone

马丁： Mǎdīng:	师傅，我们 去 北海 公园。 Shīfu, wǒmen qù Běihǎi Gōngyuán.
师傅： Shīfu:	上 车 吧。你们 去 南门 还是 北门？ Shàng chē ba. Nǐmen qù nánmén háishi běimén?
马丁： Mǎdīng:	哪 个 门 离 这儿 近？ Nǎ ge mén lí zhèr jìn?
师傅： Shīfu:	南门 离 这儿 近，北门 远 一点儿。 Nánmén lí zhèr jìn, běimén yuǎn yìdiǎnr.

2 情景对话 2 Scene 2

◎（在出租车上 In the taxi）

（1）听录音，哪个是北海公园，在图片下边标出来
Look at the following pictures, listen to the recording and mark Beihai Park

(　)　　　　　(　)　　　　　(　)　　　　　(　)

（2）听第二遍录音，一边听一边跟说。然后请根据对话内容，完成下面的句子填空
Listen to the recording for the second time, and try to repeat while listening. Then complete the following conversation according to Dialogue 2

师傅 Shīfu：已经 四点 了，_____。
Yǐjīng sìdiǎn le,_____.

艾玛 Àimǎ：是的，时间 不 多 了，_____。
Shì de, shíjiān bù duō le,_____.

（3）朗读对话二：注意发音和语气
Please read Dialogue 2 aloud, and pay attention to the pronunciation and the tone

师傅：瞧 那个 白塔，那儿 就 是 北海 公园。
Shīfu：Qiáo nà ge bái tǎ, nàr jiù shì Běihǎi Gōngyuán.

艾玛：哦，真 漂亮。
Àimǎ：Ò, zhēn piàoliang.

师傅：已经 四点 了，公园 快 要 关 门 了。
Shīfu：Yǐjīng sìdiǎn le, gōngyuán kuài yào guān mén le.

艾玛：是的，时间 不 多 了，我们 得 快 一点儿。
Àimǎ：Shì de, shíjiān bù duō le, wǒmen děi kuài yìdiǎnr.

"是的"就是"是、对"的意思。"shì de" here means "yes" "right"。

3 情景对话 3 Scene 3

◎ （他们下车了 They are getting off the taxi）

（1）请读下面的句子，看看哪句话能接上 A 句。然后听录音检查一下
Read the following sentences, and choose the right answer from sentence B1 and B2. Then listen to the recording and check

  A：　　十八　块　钱。
    　Shíbā　kuài qián.

（　）B1：　多少　　钱？
     Duōshao qián?

（　）B2：　给 我 一 张 票。
     Gěi wǒ yì zhāng piào.

（2）听第二遍录音，一边听一边跟说。听后根据对话内容，完成下面的句子填空
Listen to the recording for the second time, and try to repeat while listening. Then complete the following conversation according to Dialogue 3

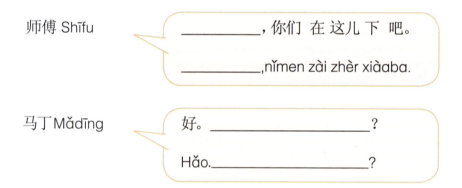

师傅 Shīfu 　_____，你们 在 这儿 下 吧。
     _____，nǐmen zài zhèr xiàaba.

马丁 Mǎdīng 好。_____？
     Hǎo. _____？

（3）朗读对话三：注意发音和语气
Please read Dialogue 3 aloud, and pay attention to the pronunciation and the tone

师傅：　　前边　不 能　停车，你们 在 这儿 下 吧。
Shīfu：　　Qiánbian bù néng tíng chē, nǐmen zài zhèr xià ba.

马丁：　　好。多少　钱？
Mǎdīng：　Hǎo. Duōshao qián?

师傅：　　十八　块　钱。
Shīfu：　　Shíbā kuài qián.

170

马丁:	给 我 一 张 票。谢谢 你。
Mǎdīng	Gěi wǒ yì zhāng piào. Xièxie nǐ.
师傅:	不用 谢。慢 走。
Shīfu:	Búyòng xiè. Màn zǒu.

三、发现语言现象 FINDING GRAMMAR POINTS

与同伴研究一下，下面的句子有什么特点。你还可以说出这样的句子吗？
Try to find language points in the following sentences with your partner. Could you figure out the meaning and function of the patterns by yourself? Can you make similar sentences with the points?

★ A 地 + 离 +B 地 远 / 近：说明 A、B 两地的距离。 The pattern "Place A + 离 + Place B + yuǎn/jìn" denotes it is far/near from Pace A to Place B. The preposition "离" is used to express the distance between two places.

A: 饭 店 离 这儿 远 吗?
Fàndiàn lí zhèr yuǎn ma?

B: 饭店 离这儿 不 太 远。
Fàndiàn lí zhèr bú tài yuǎn.

A: 你家 离 你的 公司 远 不 远?
Nǐ jiā lí nǐ de gōngsī yuǎn bu yuǎn?

B: 很 远。
Hěn yuǎn.

看一看，下面的句子对不对？Are the following sentences correct?

① 离 天安门 我 的 家 不 太 远。　　　　　　　　　　　　( )
Lí Tiān'ānmén wǒ de jiā bú tài yuǎn.

② 我 住 的 地方 很 远离 这儿。　　　　　　　　　　　　( )
Wǒ zhù de dìfang hěn yuǎn lí zhèr.

★ "形容词 + 一点儿" 表示比目前的程度更深。"Yìdiǎnr 一点儿" is used after the adj. to specify the degree of "becoming more + adj." than the degree just talked about, i.e.

发现：交际汉语入门（上）

A: 哪 个 门 离 这儿 近?
　　Nǎ ge mén lí zhèr jìn?

B: 南门 离 这儿 近, 北门 远 一点儿。
　　Nánmén lí zhèr jìn, běimén yuǎn yìdiǎnr.

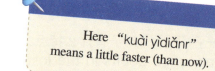
Here "yuǎn yìdiǎnr" means (the North Gate is) a little further (than the South Gate)

我们 太 慢 了, 得 快 一点儿。
Wǒmen tài màn le, děi kuài yìdiǎnr.

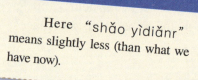
Here "kuài yìdiǎnr" means a little faster (than now).

太 多 了, 我 要 少 一点儿。
Tài duō le, wǒ yào shǎo yìdiǎnr.

Here "shǎo yìdiǎnr" means slightly less (than what we have now).

看一看，在横线上填什么 Read the following sentences, and fill in the blanks with the proper answer

① 太 大 了, 我 要＿＿＿＿＿＿的。
　　Tài dà le, wǒ yào＿＿＿＿＿＿de.

② 太 早 了, 请＿＿＿＿＿＿。
　　Tài zǎo le, qǐng＿＿＿＿＿＿.

★ 快/(快)要……了 kuài/(kuài) yào ... le
表示即将做某事或出现某种状况。It indicates that it is about to do something or some situation is about to occur.

快到 市中心 了, 人 真 多。
kuàidào shìzhōmgxīnle, rén zhēn duō

快 要 到 站 了, 我们 要 下 车 了。
Kuài yào dào zhàn le, wǒmen yào xià chē le.

我的句子：My sentences

★ 情态动词"得"：用在动词之前，表示需要、应该、必须等意思。The auxiliary verb "děi 得" is used before a verb, denotes necessity depending on circumstances.

你 得 给 爸爸 打 个 电话。
Nǐ děi gěi bàba dǎ ge diànhuà.

他 累死了， 得 休息 几 天。
Tā lèi sǐle, děi xiūxi jǐ tiān.

★ 情态动词"能" The auxiliary verb "néng"

1. 表示"能力" To indicate a physical ability

我 能 听懂 几 个 词。
Wǒ néng tīngdǒng jǐ ge cí.

她 能 吃辣 的 中国 菜。
Tā néng chī là de zhōngguó cài.

2. 表示情理或客观条件的许可 To denote an external condition that allow to do something

前边 不能 停车。
Qián biān bù néng tíng chē.

公园 快要 关 门 了，不 能 去 了。
Gōngyuán kuài yào guān mén le, bù néng qù le.

想一想"想、可以、得、能"的用法，看一看在横线上应该填什么词。Review how to use all the auxiliary words we have learned: xiǎng, kěyǐ, děi, néng. Please fill in the blanks with the right word.

① 明天　我　不_____去　学校　了。
　　Míngtiān wǒ bú_____qù xuéxiào le.

② 下午　你_____休息　一下儿。
　　Xiàwǔ nǐ_____xiūxi yíxiàr.

③ 我_____去　买　点儿 吃的。
　　Wǒ_____qù mǎi diǎnr chīde.

④ 我　吃饱 了，不_____吃了。
　　Wǒ chībǎo le, bù_____chī le.

★在字句（二）
"在"作为介词，与后面的宾语组成介词短语，表示动作或时间发生的处所，用在动词前作状语，句式为"S+ 在 + 处所 + 动词"。When used as a preposition, 在 (zài) and the following object forms a prepositional phrase, denoting the place of an action or event. The pattern is "S + 在 (zài) + Place + VP".

前　边 不 能 停 车，你们　在 这儿 下吧。
Qiánbian bù néng tíng chē, nǐmen zài zhèr xià ba.

我们在餐厅吃早饭。
Wǒmen zài cāntīng chī zǎofàn.

想一想，还有什么问题？Do you have other questions?

四、记忆、巩固和提升 MEMORIZE, CONSOLIDATE, AND UPGRADE

两人一组，先认读方框中的词语，然后互问互答。
Pair work: please recognize the expressions in the box with your partner. One asks questions according to the parts underlined, and the other answers question.

1. A: <u>南门</u>　离 这儿 近 吧？
　　　<u>Nánmén</u> lí zhèr jìn ba?

　 B: 对，<u>南门</u>　离 这儿 近。
　　　Duì, <u>nánmén</u> lí zhèr jìn.

> 颐和园 (The Summer Palace) Yíhéyuán
> 18号楼 (Building No.18) shíbā hào lóu
> 他的公司 tā de gōngsī

2. A: <u>我们</u> 快 <u>到</u> 了。
   Wǒmen kuài dào le.

   B: 是 吗？太好了。
   Shì ma? Tài hǎo le.

   > 我哥哥 wǒ gēge　　毕业 (to graduate) bì yè
   > 他们 tāmen　　　　结婚 (to get married) jié hūn
   > 玛丽 mǎlì　　　　　回国 (to return to one's country) huí guó

3. A: 已经 <u>四点</u> <u>多</u> 了。
   Yǐjīng sìdiǎn duō le.

   B: 知道 了。
   Zhīdào le.

   > 星期五 (Friday) xīngqīwǔ
   > 告诉他 gàosu tā
   > 吃完 chīwán

4. A: <u>时间</u> 不 <u>多</u>了。我们 得 <u>快 一点儿</u>。
   Shíjiān bù duō le. wǒmen děi kuài yìdiǎnr.

   > 时间 Shíjiān　　早 zǎo　　回去吧 huíqùba
   > 水 Shuǐ　　　　热 rè　　　别喝了 bié hē le
   > 钱 Qián　　　　多 duō　　坐公共汽车吧 zuò gōnggòngqìchē ba

5. A: 坐 <u>公共 汽车 去</u>, 行吗？
   Zuò gōnggòng qìchē qù, xíng ma?

   B: 不行， 我们 得 <u>快 一点儿</u>。
   Bù xíng, wǒmen děi kuài yìdiǎnr.

   > 明天早上八点起床 Míngtiān zǎoshang bādiǎn qǐchuáng
   > 早一点儿 zǎo yìdiǎnr
   > 你们喝冰水 Nǐmen hē bīngshuǐ
   > 喝热水 hē rèshuǐ
   > 这个菜不好吃，我不吃了 Zhè ge cài bù hǎochī, wǒ bù chī le
   > 吃完 chīwán

6. A: 我 想 在 这儿 <u>停 车</u>。
   Wǒ xiǎng zài zhèr tíng chē.

   B: 对不起，这儿 不 能 <u>停 车</u>。
   Duìbuqǐ, zhèr bù néng tíng chē.

   > 打电话 (to make a phone call) dǎ diànhuà
   > 抽烟 (to smoke) chōu yān
   > 喝酒 (to drink wine) hē jiǔ
   > 拍照 (to take a photo) pāi zhào

五、用汉语完成任务 TASKS IN CHINESE

（一）看一看下面的图标，它们表达什么意思？试一试用汉语说出来，请尽量使用"能" Look at the following signs, and try to figure out how to express the meaning in Chinese with "néng"

1. _____ 2. _____ 3. _____

4. _____ 5. _____ 6. _____

（二）小组活动：入乡随俗 Group work: do in Rome as the Romans do

在你们国家，如果在下面这些地方，可以做什么，不能做什么 What can people do and what cannot do in the following places in your country

国家 地点	你们国家		你朋友的国家		中国	
	可以	不能	可以	不能	可以	不能
在饭馆儿 Zài fànguǎnr						
在飞机上 Zài fēijī shang						
在出租车上 Zài chūzūche shang						
在教室 Zài jiàoshì						
在公司 Zài gōngsī						

（三）班级采访 Class interview

1. 想一个你常常去的好玩儿的地方，写在表格第一列方格里边，然后回答下面四个问题，把答案填写在表格中。
   Figure out a funny place which you often go to, write down the name in column 1, and answer the following questions.

   1) ……离 这儿 远 不 远?
      ... lí zhèr yuǎn bu yuǎn?

   2) …… 在 哪儿?
      ... zài nǎr?

   3) 在 那儿 可以 做 什么?
      Zài nàr kěyǐ zuò shénme?

   4) 怎么 去那儿 比较 好?
      Zěnme qù nàr bǐjiào hǎo?

地方 \ 问题	……离这儿远不远?	……在哪儿?	在那儿可以做什么?	怎么去那儿比较好?
1. 你常常去的地方：_____				
2. 朋友 A 常去的地方：_____				
3. 朋友 B 常去的地方：_____				

2. 询问至少两个同学这些问题，然后填表。看看还有什么有趣的地方
   Asking at least two students the questions, and fill in the form above. Try to learn some other interesting places

   补充词： 因为 yīnwèi because

3. 按照以上内容，介绍一个朋友常常去的地方
   Please introduce one place which one of your friends often goes to according to the information above

   _____离 这儿_____，在 我们 学校 的_____边。在
   _____lí zhèr_____, zài wǒmen xuéxiào de_____biān. Zài

   那儿 可以_____。_____去 比较 好。
   nàr kěyǐ_____._____qù bǐjiào hǎo.

六、用语言做事 REAL LIFE ACTIVITIES

（一）语言准备 Language preparation

1. 听写并朗读这些句子 Dictation: please write down the sentences, read aloud and memorize them

   （1）_____。

   （2）_____。

   （3）_____。

   （4）_____。

   （5）_____。

2. 请用"近"或"远"完成下列句子 Please complete the following sentences with yuǎn or jìn

   （1）餐厅　　离　宿舍
   　　　cāntīng　　lí　sùshè
   　　_____。

   （2）图书馆　　离　　邮局
   　　　túshūguǎn　　lí　yóujú
   　　_____。

   （3）书店　　离　　这儿
   　　　shūdiàn　　lí　zhèr
   　　_____。

   （4）南门　　离　　北门
   　　　nánmén　　lí　běimén
   　　_____。

   （5）王府井　　离　　天安门
   　　　Wángfǔjǐng　　lí　Tiān'ānmén
   　　_____。

3. 请用"快……了"或者"(快)要……了"和下列的词完成句子 Please make sentences with the pattern kuài ... le or (kuài) yào ... le by using the following words

（1）喝 完
　　　hēwán

　　_____。

（2）用 完
　　　yòngwán

　　_____。

（3）下 课
　　　xià kè

　　_____。

（4）来
　　　lái

　　_____。

（5）关 门
　　　guān mén

　　_____。

（二）社会扩展活动：我的中国日记 Social activities: my Chinese diary

我和出租车师傅的故事 The story about the taxi driver and me

讲一个你在中国坐出租车的故事，要包括以下内容 Please tell a story about taking a taxi, including the following information

（1）在你住的中国城市，出租车一般是什么牌子的汽车？请你拍一张照片。What brand of automobiles are the taxi cars in the city you live? Please take a photo.
（2）在你住的城市，坐出租车贵不贵？Is it expensive to take a taxi in the city you live in China? 出租车的起价费多少钱？一公里多少钱？What is the price of taking a taxi? How much is one kilometer?
（3）你能听懂出租车师傅的话吗？出租车师傅能听懂你的汉语吗？Can you understand the driver's Chinese? And is the driver able to understand your Chinese?
（4）你向师傅要出租车票了吗？Did you ask the driver for the ticket?

七、词语库 WORDS AND EXPRESSIONS

（一）生词表 New words list

1. 师傅	shīfu	（名）	master worker
2. 上（车）	shàng(chē)	（动）	to get on (a vehicle)

3.	南（边）	nán(bian)	（名）	south
4.	北（边）	běi(bian)	（名）	north
5.	门	mén	（名）	gate
6.	离	lí	（动）	away from
7.	近	jìn	（形）	near
8.	远	yuǎn	（形）	far
9.	瞧	qiáo	（动）	to look, to glance at
10.	白	bái	（形）	white
11.	塔	tǎ	（名）	tower
12.	就	jiù	（副）	just
13.	哦	ò	（叹）	oh
14.	漂亮	piàoliang	（形）	beautiful, pretty, good-looking
15.	已经	yǐjīng	（副）	already
16.	公园	gōngyuán	（名）	park
17.	得	děi	（助动）	have to
18.	快	kuài	（形）	fast, swift
19.	要……了	yào... le		be about to hot
20.	关	guān	（动）	to close, to shut
21.	时间	shíjiān	（名）	time
22.	前边	qiánbian	（名）	in front
23.	能	néng	（助动）	can, to be able to
24.	停	tíng	（动）	(of a vehicle) to stop
25.	多少	duōshao	（代）	how much, how many
26.	八	bā	（数）	eight
27.	慢	màn	（形）	slow

专有名词 Proper Nouns

北海公园	Běihǎi Gōngyuán	the Beihai Park, an imperial garden to the northwest of the Forbidden City in Beijing. Built in the 10th century, it is amongst the largest of Chinese gardens. Prior to the end of the Qing Dynasty in 1911 this area was connected to the Forbidden City, but since 1925 it has been open to the public.

（二）相关链接 Related links

查查词典，看看它们是什么意思
Look up the dictionary and find out the meanings of the following words

旅游用语 lǚyóu yòngyǔ travelling words	意思 yìsi meaning	旅游用语 lǚyóu yòngyǔ travelling words	意思 yìsi meaning
游客 yóukè		停车场 tíngchēchǎng	
导游 dǎoyóu		公里 gōnglǐ	
售票处 shòupiàochù		拐弯 guǎi wān	
门票 ménpiào		直行 zhíxíng	
票价 piàojià		掉头 diào tóu	

从相关链接中选出五个对你最有用的词,写一写 Please select five useful words in the *Related links* above, and write in the following blanks

1. _____ 2. _____ 3. _____ 4. _____ 5. _____

八、生活剪影 LIFE SKETCH

北海 公园
Běihǎi gōngyuán

北京 有 不少 皇家 园林。皇家 园林 的意思是 专 给 皇帝
Běijīng yǒu bùshǎo huángjiā yuánlín. Huángjiā yuánlín de yìsi shì zhuān gěi huángdì
建造 的 大花园,比如 颐和园、圆明园、景山 公园 等等,
jiànzào de dà huāyuán, bǐrú Yíhéyuán, Yuánmíngyuán, Jǐngshān Gōngyuán děngděng,
北海 公园 也 是 一个。它 离 故宫 不 远,叫 它 "海" 是
Běihǎi Gōngyuán yě shì yí ge. Tā lí Gùgōng bù yuǎn, jiào tā hǎi shì
因为 以前 人们 把 大 片 的 水 称作 "海"。
yīnwèi yǐqián rénmen bǎ dà piàn de shuǐ chēngzuò hǎi.
住 在 附近 的 人,常常 去 北海 公园 散步 或者 锻炼
Zhù zài fùjìn de rén, chángcháng qù Běihǎi Gōngyuán sàn bù huòzhě duànliàn

身体。有的 人 打 太极 拳， 有的 人 练习 太极 扇，有的 人 练习
shēntǐ. Yǒude rén dǎ Tàijí quán, yǒude rén liànxí Tàijí shàn, yǒude rén liànxí
在地上 写 毛笔字，还 有 一些 老人 常常 聚 在 一起 拉琴、
zàidìshang xiě máobǐzì, hái yǒu yìxiē lǎorén chángcháng jù zài yìqǐ lā qín,
唱 歌。
chàng gē.

一、"语言热身"答案 The key to Let's warm up

A. 餐厅 cāntīng
B. 学校 xuéxiào
C. 书店 shūdiàn
D. 教室 jiàoshì
E. 图书馆 túshūguǎn
F. 咖啡馆儿 kāfēiguǎnr
G. 王府井 Wángfǔjǐng
H. 天安门 Tiān'ānmén
I. 北海公园 Běihǎi Gōngyuán
K. 颐和园 Yíhéyuán

六（一）1. "听写并朗读这些句子"答案 The answer of dictation

（1）南门离这儿近。
（2）那儿就是北海公园。
（3）已经四点多了，公园快要关门了。
（4）我们得快一点儿。
（5）前边不能停车。

第 9 课

 先往南，再往西

一、语言热身 LET'S WARM UP!

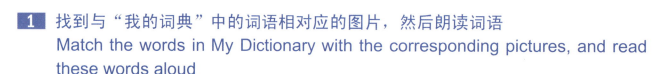
我的词典 MY DICTIONARY

1 找到与"我的词典"中的词语相对应的图片，然后朗读词语
Match the words in My Dictionary with the corresponding pictures, and read these words aloud

a. 公共汽车 / gōnggòng qìchē / bus
b. 地铁 / dìtiě / subway
c. 汽车站 / qìchēzhàn / bus stop
d. 地铁站 / dìtiězhàn / metro station
e. 路口 / lùkǒu / an intersection, a crossing

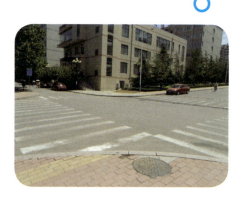

2 应该往哪儿走
Where should we go to

（1）你会看指南针吗？
Do you know how to recognize the compass?

上 shàng → 北 běi
下 xià → 南 nán
左 zuǒ → 西 xī
右 yòu → 东 dōng

给老师的提示：
① 可以用全身反应法带学生一边指示方向一边练习说方向；
② 问学生：在教室里，你知道"北"在哪儿吗？

（2）我们在森林里迷路了，请看下面的指南针，说一说应该往哪儿走，请把方向写在方框里
We are lost in the forest, please check the compass, tell us where we should go towards, and mark the direction below.

我们应该往_____走。
① 东 dōng
② 西 xī
③ 北 běi
④ 南 nán
⑤ 西北 xīběi
⑥ 西南 xīnán
⑦ 东北 dōngběi
⑧ 东南 dōngnán

东

给老师的提示：
可进行"说方向比赛"，学生两个人一组，一个人指示方向，一个人说方向。合作最好的小组可以得到"我们班的指南针"的称号。

3 时间：大声朗读下面的词语，并在数字后的横线上填写正确的时间词
Time: read the words in the following box, and fill in the appropriate words on the blanks

分钟 (fēnzhōng, minute)
小时 (xiǎoshí, hour)
天 (tiān, day)
年 (nián, year)
星期 (xīngqī, week)
月 (yuè, month)

60 _____ = 1 _____
24 _____ = 1 _____
7 _____ = 1 _____
30/31 _____ = 1 _____
12 _____ = 1 _____
365 _____ = 1 _____

4 小组活动：老师的评价——"对了"还是"错了"
Pair work：evaluation by teacher,"duì le (correct)" or "cuò le (false)"

两个人一组，一个是学生，一个是老师。请看右边的数字，"学生"快速大声朗读数字，"老师"也要快速给出评价——"对了"还是"错了"。

Work in pairs, one is a student, and the other is a teacher. The student is required to read aloud the numbers in the right box as soon as possible. The teacher try to give a quick evaluation, "duì le (correct)" or "cuò le (false)".

7	34
12	21
60	59
24	108
30	365

给老师的提示：

可用这个练习导入"对"和"错"用在动词后面做结果补语的情况，如：

说错（时间）了　　听错（时间）了
给错（钱）了　　　找错（钱）了
走错（路）了　　　坐错（车）了
买错（车票）了　　点错（菜）了

5 中国文化小知识：你知道下面这些关于中国的常识吗？
Chinese culture tips：Do you know the following knowledge about China?

1) 这　是　故宫。故宫　很　大，
　　Zhè　shì　Gùgōng. Gùgōng hěn dà,
　　有_____平方　米。
　　yǒu_____píngfāng mǐ.

2) 这 是 长城。 长城 很 长，
   Zhè shì Chángchéng. Chángchéng hěn cháng,
   有_____多 公里。
   yǒu_____duō gōnglǐ.

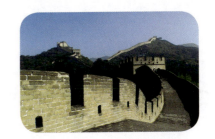

3) 上海 离 北京 很 远，有_____多 公
   Shànghǎi lí Běijīng hěn yuǎn, yǒu_____duō gōng

里，坐 飞机 要_____小时。
lǐ, zuò fēijī yào_____xiǎoshí.

4) 这 是 泰 山，很 高，有_____米 高。
   Zhè shì Tài Shān, hěn gāo, yǒu_____mǐ gāo.

5) 这 是 大熊猫， 一 只 大熊猫 差不多
   Zhè shì dàxióngmāo, yì zhī dàxióngmāo chàbuduō
   _____公斤。
   _____gōngjīn.

如果你不知道这些数字，想一想怎么用汉语问。
Figure out how to ask questions if you do not know the numbers above.

6 大声朗读句子，想一想这些句子的意思
Read the following sentences aloud and think about the meaning of the sentences

（1） 请问， 附近 有 没 有 地铁 站？
     Qǐngwèn, fùjìn yǒu méi yǒu dìtiězhàn?

（2） 一直 往 南 走，到了 路口 往 西拐。
     Yìzhí wǎng nán zǒu, dàole lùkǒu wǎng xī guǎi.

（3） 走 5 分钟 就 到 了。
     Zǒu wǔ fēnzhōng jiù dào le.

（4） 离 这儿 有 多 远？
     Lí zhèr yǒu duō yuǎn?

---
1 答案见本课后

发现：交际汉语入门（上）

（5）　糟糕。　　我们　走反了。
　　　 Zāogāo.　Wǒmen zǒufǎn le.

二、身在其中 IN THE SCENE

1 情景对话 1 Scene 1

◎ （艾玛一家在大街上 Emma, Martin, and Mike are on the street）

（1）看图片，听一遍对话一录音。听后回答下列问题
　　 Look at the picture and listen to the recording. Then answer the question

> 马丁一家在找什么？（What are they looking for?）

（2）根据对话一，判断下面的说法是否正确
　　 True or false: please judge if the following statements are correct according to Dialogue 1

① 附近　没有　地铁站。　　　　　　　　　　　　☐
　 Fùjìn méiyǒu dìtiězhàn.

② 去　地铁站　要　往南、　往西。　　　　　　　☐
　 Qù dìtiězhàn yào wǎng nán, wǎng xī.

③ 地铁站　比较　远，　走　十五　分钟。　　　　☐
　 Dìtiězhàn bǐjiào yuǎn, zǒu shíwǔ fēnzhōng.

188

（3）朗读对话一：注意发音和语气
Please read Dialogue 1 aloud, and pay attention to the pronunciation and the tone

马丁： 请问，附近有没有地铁站？
Mǎdīng: Qǐngwèn, fùjìn yǒu méi yǒu dìtiězhàn?

路人： 有。一直往南走，到了路口往西拐。
Lùrén: Yǒu. Yìzhí wǎng nán zǒu, dào le lùkǒu wǎng xī guǎi.

> 这儿的"了"连接前后两个动作。The position of "了 le" here is right after the first verb, and followed by another verb.

马丁： 离这儿有多远？
Mǎdīng: Lí zhèr yǒu duō yuǎn?

路人： 二三百米。走五分钟就到了。
Lùrén: (Èr-sān bǎi mǐ). Zǒu wǔ fēnzhōng jiù dào le.

> 除"零"以外，相邻的数字连用表示概数 The neighbouring numbers, such as 2 and 3, or 7 and 8, could be used together to indicate rough numbers, or approximate numbers, except the number 0.

马丁： 谢谢。
Mǎdīng: Xièxie.

路人： 不客气。
Lùrén: Bú kèqi.

2 情景对话2 Scene 2

◎ （在路上 On their way）

（1）听录音，他们现在在哪儿，在图片下边标出来
Listen to the recording, try to figure out where they are now, and mark the right answer

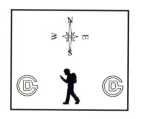 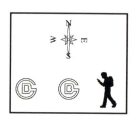 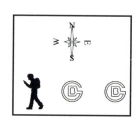 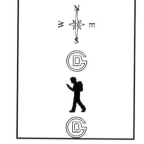

（　） 　　　（　） 　　　（　） 　　　（　）

（2）听第二遍录音，一边听一边跟说。然后请根据对话内容，完成下面的句子填空
Listen to the recording for the second time, aand try to repeat while listening. Then complete the following conversation according to Dialogue 2

艾玛 Àimǎ：
走错　路 了 吧? _____?
Zǒucuò lù le ba?_____?

马丁 Mǎdīng：
没　错啊。_____。
Méi cuò a. _____.

（3）朗读对话二：注意发音和语气
Please read Dialogue 2 aloud, and pay attention to the pronunciation and the tone

艾玛： 走错路 了 吧?　怎么　还 不 到?
Àimǎ: Zǒucuò lù le ba?　Zěnme　hái bú dào?

马丁： 没　错啊。先　往　南，再 往　西。
Mǎdīng: Méi cuò a.　Xiān wǎng nán,　zài wǎng xī.

艾玛： 哪儿 是 西? 你 看，　太阳　在 那边。
Àimǎ: Nǎr　shì xī? Nǐ kàn,　tàiyáng zài nàbian.

> 这儿的"怎么"是"为什么"的意思。"Zěnme" here means "how come, why", not "how".

> 马丁： 糟糕。 我们 走反 了。
> Mǎdīng: Zāogāo. Wǒmen zǒufǎn le.
>
> 艾玛： 别 担心。再去 问问。 东边 也 应该 有 地铁站。
> Àimǎ: Bié dān xīn. Zài qù wènwen. Dōngbian yě yīnggāi yǒu dìtiězhàn.

3 情景对话 3 Scene 3

◎ （马丁问路 Martin is asking for the right direction）

(1) 请读下面的句子，看看哪句话能接上 A 句。然后听录音检查一下
Read the following sentences, and choose the right answer from sentence B1 and B2. Then listen to the recording and check

A： 请问， 去 地铁站 怎么 走?
Qǐngwèn, qù dìtiězhàn zěnme zǒu?

( ) B1： 往 东 走、往 西 走 都 行。
Wǎng dōng zǒu, wǎng xī zǒu dōu xíng.

( ) B2： 东边 的 近 一点儿。
Dōngbian de jìn yìdiǎnr.

(2) 听第二遍录音，一边听一边跟说。然后请根据对话内容，完成下面的句子填空
Listen to the recording for the second time, and try to repeat while listening. Then complete the following conversation according to Dialogue 3

马丁 Mǎdīng _____?
_____?

路人 Lùrén 东边 的 近 一点儿。
Dōngbian de jìn yìdiǎnr.

（3）朗读对话三：注意发音和语气
Please read Dialogue 3 aloud, and pay attention to the pronunciation and the tone

马丁： Mǎdīng	请问，去 地铁 站 怎么 走? Qǐngwèn, qù dìtiězhàn zěnme zǒu?
路人： Lùrén:	往 东 走、往 西 走 都 行。 Wǎng dōng zǒu, wǎng xī zǒu dōu xíng.
马丁： Mǎdīng	哪 个 近 一点儿? Nǎ ge jìn yìdiǎnr?
路人： Lùrén:	东边 的 近 一点儿。 Dōngbian de jìn yìdiǎnr.
马丁： Mǎdīng	我们 走 吧。这 次 不会 再 错 了。 Wǒmen zǒu ba. Zhè cì bú huì zài cuò le.

三、发现语言现象 FINDING GRAMMAR POINTS

与同伴研究一下，下面的句子有什么特点。你还可以说出这样的句子吗？
Try to find language points in the following sentences with your partner. Could you figure out the meaning and function of the patterns by yourself? Can you make similar sentences with the points?

★ "一直"
The adv. "yìzhí" is used before a verbal phrase, meaning go ahead.

一直 往 南 走。
Yìzhí wǎng nán zǒu.

他 一直 往 西 走，走 反 了。
Tā yìzhí wǎng xī zǒu, zǒufǎn le.

★ （有）+ 多 + 形容词
"多"放在形容词前，用来询问程度。例如，用"（有）多远"来问距离，用"（有）多长"来问长度。The pattern "(yǒu) duō + adj." is used to ask about the degree or extent. For example, "(yǒu) duō + yuǎn" is used to ask about the distance, and "(yǒu) duō + cháng" is used to ask about the length.

A: 离 这儿 有 多 远?
Lí zhèr yǒu duō yuǎn?

B: 二 三 百 米。
Èr-sān bǎi mǐ.

A: 长城 (the Great Wall) 有 多 长?
Chángchéng yǒu duō cháng?

B: 六千 (thousand) 多 公里 (kilometer)。
Liùqiān duō gōnglǐ.

怎么问一个人的年龄? How to ask someone's age?

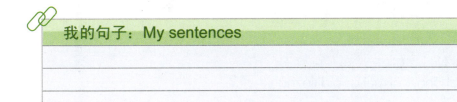

我的句子：My sentences

★ 时段的表达方式 Ways of expressing time period

8:00 — 8:15	十五 分钟	shíwǔ fēnzhōng
8:00 — 8:30	半 个 小时 (hour)	bàn ge xiǎoshí
8:00 — 9:00	一 个 小时	yí ge xiǎoshí
8:00 — 9:40	一 个 小时 四十 分钟	yí ge xiǎoshí sìshí fēnzhōng

一 天　　　　一 年
yì tiān　　　　yì nián

一 个 星期　　一 个 月
yí ge xīngqī　　yí ge yuè

★ 在句中时段的表达常常为 A period of time of an action or a state, is usually used after verbs, as the following two patterns:

1. S + 动词 + 时段 S + V + a period of time

妹妹 走了 两 个 小时。
Mèimei zǒule liǎng ge xiǎoshí.

我 看了 半个 小时。
Wǒ kànle bàn ge xiǎoshí.

2. S + 动词 + 时段（+ 的）+ 名词 S + V + a period of time（+de）+ noun

妹妹 走了 两个 小时 的路。
Mèimei zǒule liǎng ge xiǎoshí de lù.

我 看了 半个 小时 电视。
Wǒ kànle bàn ge xiǎoshí diànshì.

看一看，下面的句子对不对？Are the following sentences correct?

① 走了十 分钟，还没到 地铁站。　　　　　　　　　　　　　（　　）
　Zǒule shí fēnzhōng, hái méi dào dìtiězhàn.

② 昨天 我 看 电视 了一个 小时。　　　　　　　　　　　　　（　　）
　Zuótiān wǒ kàn diànshì le yí ge xiǎoshí.

★ 情态动词"应该"表示情理之中，理所当然。The auxiliary verb "yīnggāi" indicates that "it is supposed to be, should and ought to".

这次 我们 应该 不会再 错了。
Zhè cì wǒmen yīnggāi bú huì zài cuò le.

东边 也 应该 有地铁站。
Dōngbian yě yīnggāi yǒu dìtiězhàn.

★ 助动词"会"+ 动词 Auxiliary verb "huì" + verb

1. 表示学习后掌握某种技能 The auxiliary verb "huì" denotes skills acquired or mastered as a result of study

我 会 开 车 (to drive a car)。
Wǒ huì kāi chē.

姐姐会 说 汉语。
Jiějie huì shuō Hànyǔ.

第 9 课　先往南，再往西

2. 表示某种可能性 The auxiliary verb "huì" can indicate some possibility

太阳 (sun) 很 好，今天 不 会 下 雨 (to rain)。
Tàiyáng　　hěn hǎo, jīntiān bú huì xià yǔ.

九　点 了，玛丽 (Mary) 不 会 来 了。
Jiǔ　diǎn le, Mǎli　　bú huì lái le.

想一想"应该""会"的用法……看一看，在横线上应该填什么词 Review how to use "yīnggāi" and "huì". Please fill in the blanks with the right word

① 你们_____早点儿　起床。
　 Nǐmen_____zǎodiǎnr　qǐ chuáng.

② 我的　国家 (country) 不下雪 (to snow)，我不_____滑　雪 (to ski)。
　 Wǒ de　guójiā　　bú xià xuě,　　Wǒ bú_____huá　xuě.

③ 中国人　　不_____不 知道　熊猫 (panda)。
　 Zhōngguórén bù_____bù zhīdào　xióngmāo.

想一想，还有什么问题？Do you have other questions?

四、记忆、巩固和提升 MEMORIZE, CONSOLIDATE, AND UPGRADE

两人一组，先认读方框中的词语，然后互问互答
Pair work: please recognize the expressions in the box with your partner. One asks questions according to the parts underlined, and the other answers

1. A:　我们　怎么 走?
　　　Wǒmen　zěnme zǒu?

   B:　一直　往　南　走。
　　　Yīzhí　wǎng nán zǒu.

> 西 xī
> 东 dōng
> 北 běi

2. A: 要 走 多 长 时间?
   Yào zǒu duō cháng shíjiān?

   B: 走 5 分钟。
   Zǒu wǔ fēnzhōng.

走 zǒu	十分钟 shí fēnzhōng
坐 zuò	半个小时 bàn ge xiǎoshí
住 zhù	三天 sāntiān

3. A: 离 这儿 有 多 远?
   Lí zhèr yǒu duō yuǎn?

   B: 我 得 问 一下。
   Wǒ děi wèn yí xià.

你朋友 nǐ péngyou	大 dà
她 tā	高 (tall) gāo
飞机票 (airplane ticket) fēijīpiào	贵 guì

4. A: 我们 怎么 办?
   Wǒmen zěnme bàn?

   B: 我们 先 往 南,再 往 西。
   Wǒmen xiān wǎng nán, zài wǎng xī.

结账 jié zhàng	打包 dǎ bāo
买票 mǎi piào	上车 shàng chē
打电话 dǎ diànhuà	去 qù

5. A: 你看 怎么 办?
   Nǐ kàn zěnme bàn?

   B: 往 东 走、往 西 走 都 行。
   Wǎng dōng zǒu, wǎng xī zǒu dōu xíng.

吃中餐 chī Zhōngcān	吃西餐 chī xīcān
今天去 jīntiān qù	明天去 míngtiān qù
住一层 zhù yīcéng	住二层 zhù èrcéng

6. A: 这 次不会再 错 了。
   Zhè cì bú huì zài cuò le.

   B: 好 吧。
   Hǎo ba.

| 丢 diū |
| 去 qù |
| 买 mǎi |

五、用汉语完成任务 TASKS IN CHINESE

（一）北京的中心 The center of Beijing

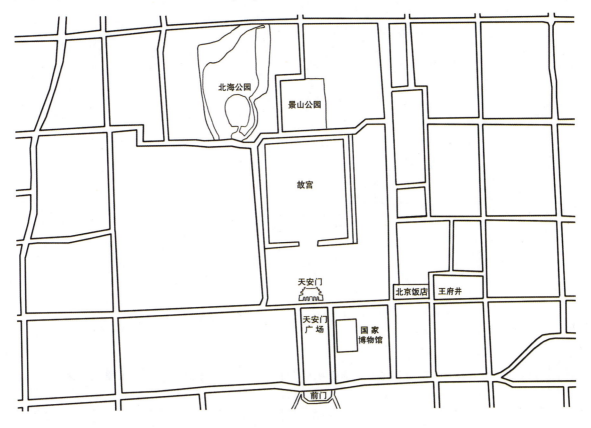

1. 现在我们在天安门。请在地图上找到我们在哪儿
   Now we are at Tian'anmen. Please find the position in the map

2. 看地图，介绍下面这些地点在哪儿
   Look at the map, and find the following positions

   例：天安门 Tiān'ānmén
   　　A：天安门　　在 哪儿？
   　　　　Tiān'ānmén zài nǎr?
   　　B：天安门　在　天安门　广场　　北边。
   　　　　Tiān'ānmén zài Tiān'ānmén Guǎngchǎng běibian.

   （1）故宫 Gùgōng　　　　　　　　（2）景山公园 Jǐngshān Gōngyuán
   （3）北海公园 Běihǎi Gōngyuán　　（4）北京饭店 Běijīng Fàndiàn
   （5）国家博物馆 Guójiā Bówùguǎn　（6）王府井 Wángfǔjǐng
   （7）前门 Qiánmén

3. 现在我们在天安门，要去别的地方。请用汉语说出应该怎么走
   Now we are at Tian'anmen, and are going to other places. Please figure out how to get the following places from Tian'anmen, and try to express in Chinese

   例： 去 北海 公园，应该 <u>往 北 走</u>。
   E.g. Qù Běihǎi Gōngyuán, yīnggāi <u>wǎng běi zǒu</u>.

   （1） 去 景山公园 怎么走？
   　　 Qù Jǐngshān Gōngyuán zěnme zǒu?

   （2） 去 北京 饭店 怎么 走？
   　　 Qù Běijīng Fàndiàn zěnme zǒu?

   （3） 去 王府井 怎么 走？
   　　 Qù Wángfǔjǐng zěnme zǒu?

   （4） 去 前门 怎么 走？
   　　 Qù Qiánmén zěnme zǒu?

（二）小组活动：我的秘密地图 Group work：my secret map

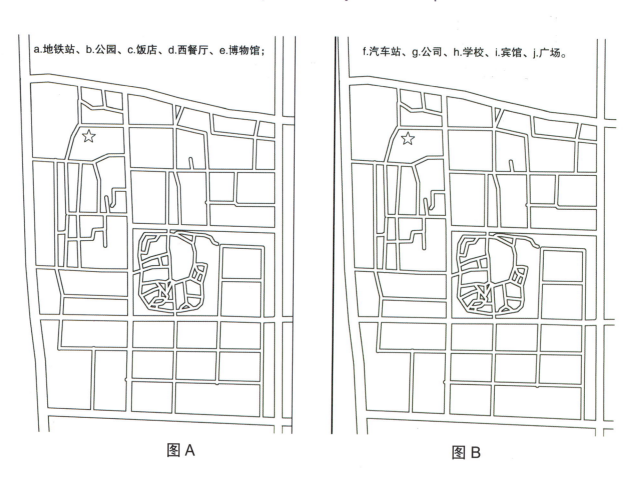

图 A　　　　　　　　　　　图 B

1. 把全班同学分成两大组，A 组和 B 组；A 组学生看地图 A，给每个 B 组学生看地图 B
   Half of the class is A, and will get Map A. The other half is B, and will get Map B

2. 请学生看自己的地图，地图 A 上有 a/b/c/d/e 五个地名，地图 B 上有 f/g/h/i/j 五个地名。请把那五个地名标在自己的地图上，别让其他同学看到 Please look at your map. Please mark the five place names in your map randomly. Attention: It's your secret map, and do not allow your map seen by other students

3. 把学生两两分组，每组一个 A，一个 B，互相介绍 One student A and one student B form a pair. Try to describe the route of your map to each other

   （1）A 介绍从☆点出发，到 a/b/c/d/e 的路线；B 听以后，在自己的地图上标出 a/b/c/d/e 的方位 A tells B how to get a/b/c/d/e from the point ☆, and B marks the five places on B's map
   （2）B 介绍从☆点出发，到 f/g/h/i/j 的路线；A 听以后，在自己的地图上标出 f/g/h/i/j 的方位 B tells A how to get f/g/h/i/j from the point ☆, and A marks the five places on A's map

4. A 和 B 对照两个人的地图，看看是否一致。两张地图完全一样的小组获胜 Show your maps to each other and check. Those who have exactly same maps win

（三）班级采访 Class interview

1. 询问至少三个同学下面的问题，然后填表
   Asking at least three students the following questions, and fill in the table with their answers

   1) 去 你的 宿舍 怎么 走? 往 哪儿 走? 要 拐弯儿 吗?
      Qù nǐ de sùshè zěnme zǒu? Wǎng nár zǒu? Yào guǎi wānr ma?

   2) 离 这儿 有 多远?
      Lí zhèr yǒu duō yuǎn?

   3) 走 几 分钟 可以 到?
      Zǒu jǐ fēnzhōng kěyǐ dào?

   4) 附近 有 地铁 站 或者 公共 汽车 站 吗?
      Fùjìn yǒu dìtiězhàn huòzhě gōnggòng qìchē zhàn ma?

问题 名字	去你的宿舍怎么走？往哪儿走？要拐弯吗？	离这儿有多远？	走几分钟能到？	附近有地铁或者公共汽车站吗？
1.				
2.				
3.				

2. 按照上面表格的内容，给我们介绍一下一位同学的宿舍怎么去
Please introduce how to get one friend's dorm from the classroom

_____的 宿舍 离 这儿_____，往_____走，到 了_____再往_____拐。
_____de sùshè lí zhèr_____, wǎng_____zǒu, dào le_____zài wǎng_____guǎi.

走_____分钟 就 到 了。他 的 宿舍 附近_____站。
Zǒu_____fēnzhōng jiù dào le. Tā de sùshè fùjìn_____zhàn.

六、用语言做事 REAL LIFE ACTIVITIES

（一）语言准备 Language preparation

1. 听写并朗读这些句子 Dictation: please write down the sentences, read aloud and memorize them

（1）_____。

（2）_____。

（3）_____。

（4）_____。

（5）_____。

2. 完成对话 Complete the following dialogues

（1）A：_____？（离）
_____？(lí)

B：三四 百 米。
Sān-sì bǎi mǐ.

（2）A：去　王府井　怎么　走？
　　　　Qù Wángfǔjǐng zěnme zǒu?

　　　B：_____?（先……再……）
　　　　_____?(xiān... zài...)

（3）A：_____?（反）
　　　　_____?(fǎn)

　　　B：糟　糕！
　　　　Zāogāo!

（4）A：_____?（往）
　　　　_____?(wǎng)

　　　B：都　行。
　　　　Dōu xíng.

（5）A：地铁站　在　哪儿？
　　　　Dìtiězhàn zài nǎr?

　　　B：_____?（应该）
　　　　_____?(yīnggāi)

3. 把下列词语组成合适的句子 Make appropriate sentences with the following words

（1）有　地铁　南边　的　银行　一个　站
　　　yǒu　dìtiě　nánbian　de　yínháng　yí ge zhàn

　　　_____

（2）不会了　这次　写　错　我　再
　　　bú huì le　zhè cì　xiě　cuò　wǒ　zài

　　　_____

（3）车站　走去　的　最近　怎么
　　　chēzhàn　zǒu qù　de　zuìjìn zěnme

　　　_____

（4）我　哪　辣　告诉　一点儿　菜　个
　　　wǒ　nǎ　là　gàosu　yìdiǎnr　cài　ge

　　　_____

（5）公里　这儿　家　离　他　有　一
　　　gōnglǐ　zhèr　jiā　lí　tā　yǒu yī

　　　_____

（二）社会扩展活动：我的中国日记 Social activities: my Chinese diary

你住的地方 Your neighborhood

老师想在你住的地方附近租房子，请你介绍一下周边的情况 The teacher is going to rent an apartment around where you live. Please introduce your neighborhood

（1）你住在中国的哪座城市？Which city do you live in China?

（2）你住的地方在城市中的哪个方位？Where is your apartment in the city, in the the eastern, southern, northern, or western part of the city?

（3）附近有没有地铁站？叫什么站？离你住的地方有多远？Is there any metro station near your neighborhood? What's the name of it? How far is it to your place?

（4）附近有没有大商场？有多大？在你家的什么方向？Is there any store or shopping center nearby? How big is it? Which direction is the store to your residence?

（5）附近有没有好吃的饭馆儿？你喜欢吃那儿的什么菜？Is there any good restaurants nearby? What dishes do you like in the restaurant?

七、词语库 WORDS AND EXPRESSIONS

（一）生词表 New words list

1.	附近	fùjìn	（名）	nearby, neighboring
2.	地铁	dìtiě	（名）	metro, subway,
3.	路人	lùrén	（名）	passerby
4.	一直	yīzhí	（副）	always, all through
5.	往	wǎng	（介）	towards
6.	路口	lùkǒu	（名）	crossing, intersection
7.	西（边）	xī(bian)	（名）	west
8.	拐	guǎi	（动）	to turn, to change direction
9.	多	duō	（代）	how (used before an adjective to inquire the amount or the degree)
10.	米	mǐ	（量）	meter
11.	五	wǔ	（数）	five
12.	分钟	fēnzhōng	（名）	minute
13.	客气	kèqi	（形）	polite, courteous, modest
14.	错	cuò	（形）	wrong
15.	先	xiān	（副）	first, in advance
16.	太阳	tàiyáng	（名）	the sun
17.	糟糕	zāogāo	（形）	terrible, extremely awful
18.	反	fǎn	（形）	in a reverse, contrary, opposite
19.	担心	dān xīn		to worry, to be anxious
20.	问	wèn	（动）	to ask (questions)

21. 应该	yīnggāi	（助动）	should, ought to
22. 行	xíng	（动）	be all right, OK
23. 次	cì	（量）	(measure word) time
24. 会	huì	（助动）	will

（二）相关链接 Related links

查查词典，看看它们是什么意思
Look up the dictionary and find the meanings of the following words

交通用语 jiāotōng yòngyǔ transportation expressions	意思 yìsi meaning	交通用语 jiāotōng yòngyǔ transportation expressions	意思 yìsi meaning
马路 mǎlù		红绿灯 hónglǜdēng	
人行道 rénxíngdào		过街天桥 guò jiē tiānqiáo	
人行横道 rén xíng héngdào		台阶 táijiē	
入口 rùkǒu		楼梯 lóutī	
出口 chūkǒu		黄线 huángxiàn	

从相关链接中选出五个对你最有用的词，写一写 Please select five useful words in the *Related links* above, and write in the following blanks

1. _____ 2. _____ 3. _____ 4. _____ 5. _____

八、生活剪影 LIFE SKETCH

北京 的 路 好 找
Běijīng de lù hǎo zhǎo

北京 的 路 很 好 找，只要 你 知道 方向，哪儿 是 南，哪儿 是 北，
Běijīng de lù hěn hǎo zhǎo, zhǐyào nǐ zhīdào fāngxiàng, nǎr shì nán, nǎr shì běi,

203

哪儿是东或者西，一般你就不会迷路了。北京人给别人指路的时候说"往东走"或者"往西走"，很少说"往左走"或者"往右走"。

第9课 先往南，再往西

一、"语言热身"答案 The key to Let's warm up

5. 中国文化小常识答案 Answers for Chinese culture tips

1) 故宫有72,0000平方米。
   Gùgōng yǒu qīshíèr wàn èrqiān píngfāngmǐ.
2) 长城有六千多公里。
   Chángchéng yǒu liùqiān duō gōnglǐ.
3) 上海离北京有1500多公里，
   Shànghǎi lí Běijīng yǒu yìqiān sìbǎi duō gōnglǐ,
   坐飞机要2个多小时。
   Zuò fēijī yào liǎng ge duō xiǎoshí.
4) 泰山有1545米高。
   Tài Shān yǒu yīqiān wǔ bǎi sìshíwǔ mǐ gāo.
5) 一只大熊猫差不多85—125公斤。
   Yì zhī dàxióngmāo chàbuduō bāshíwǔ dào yìbǎi èrshíwǔ gōngjīn.

六（一）1."听写并朗读这些句子"答案 The answer of dictation

(1) 请问，附近有没有地铁站？
(2) 一直往南走，到了路口往西拐。
(3) 走5分钟就到了。
(4) 离这儿有多远？
(5) 糟糕。我们走反了。

第 10 课

 您去过几次？

一、语言热身 LET'S WARM UP!

我的词典 MY DICTIONARY

1 找到与"我的词典"中的词语相对应的图片，然后朗读词语
Match the words in My Dictionary with the corresponding pictures, and read these words aloud

a. 火车站 / Huǒchēzhàn / Railway station
b. 高铁 / gāotiě / subway
c. 车票 / chēpiào / ticket
d. 座位 / zuòwèi / seat
e. 乘客 / chéngkè / passenger
f. 乘务员 / chéngwùyuán / train attendant

2 我的中国经历
My experiences in China

下面这些事你在中国做过吗？做过几次？请根据自己的情况填写下面的表格 Do you have the following experiences in China? How many times if you did? Please fill in the following table according to your situation

活动 EVENTS	V 过 YES	没 V 过 NO	次数 TIMES
吃烤鸭 chī kǎoyā			
喝茶 hē chá			
去长城 qù Chángchéng			
去故宫 qù Gùgōng			
坐地铁 zuò dìtiě			

坐出租车
zuò chūzūchē

问路
wèn lù

走错路
zǒucuò lù

看熊猫
kàn xióngmāo

看京剧
kàn Jīngjù

3 "喜欢"还是"不喜欢"
Like or dislike

复习框 A 中的形容词，把意思写在横线上。你喜欢这些词的意思吗？比如说，人们一般都喜欢"漂亮"，不喜欢"忙"。请把你喜欢的词放到框 B 里面，把不喜欢的词放到框 C 中
Let's review the adj. in Column A, and fill in the blanks. Do you like the meanings of them? For example, people usually like the meaning of "BEAUTIFUL (piàoliang)" and do not like the meaning of "BUSY(máng)". Please put the words you like in Column B, and the words you don't like in Column C

第 10 课　您去过几次？

A

忙 (máng, busy)　　　饿 (è, _____)　　　累 (lèi, _____)
渴 (kě, _____)　　　热 (rè, _____)　　　辣 (là, _____)
甜 (tián, _____)　　　酸 (suān, _____)　　　咸 (xián, _____)
贵 (guì, _____)　　　便宜 (piányi, cheap)　　多 (duō, _____)
少 (shǎo, _____)　　　远 (yuǎn, _____)　　　近 (jìn, _____)
快 (kuài, _____)　　　慢 (màn, _____)　　　烫 (tàng, _____)
早 (zǎo, _____)　　　晚 (wǎn, _____)　　　高 (gāo, _____)
好看 (hǎokàn, _____)　　　　　　　　　好吃 (hǎochī, _____)
漂亮 (piàoliang, _____)　　　　　　　丰富 (fēngfù, _____)
舒服 (shūfu, _____)　　　　　　　　聪明 (cōngming, _____)
可爱 (Kě'ài, _____)

B. 喜欢的词　　　　　　　　　　　　C. 不喜欢的词

4　喜欢问问题的学生 Question mark student

你是一个喜欢问问题的学生，常常有各种各样的问题。想一想汉语中哪些词是用于问问题的，请写在下面的横线上。在 2 分钟以内，看看你能想出来几个疑问词 You are a student who likes asking questions. You often have many questions to ask every day. Think about what are the question words in Chinese. Please write down all the question words you know on the blanks in 2 minutes

	疑问词 question word	拼音 pinyin	意思 meaning	问句 questions
1	什么	shénme	what	你叫什么名字？
2	谁	shuí		
3			where	

4	哪		which
5			how
6	几	jǐ	
7	多少	duōshao	
8			how long
9			how old
10			

5 大声朗读句子，想一想这些句子的意思
Read the following sentences aloud and think about the meaning of the sentences

(1) 跟 您 商量 个 事儿，行 不 行?
　　Gēn nín shāngliang ge shìr, xíng bu xíng?

(2) 您 去过 天津 吗?
　　Nín qùguo Tiānjīn ma?

(3) 去过 好 多 次 呢。
　　Qùguo hǎo duō cì ne.

(4) 这么 快。真 没 想到。
　　Zhème kuài. Zhēn méi xiǎngdào.

(5) 真 是 又 快 又 舒服 啊。
　　Zhēn shì yòu kuài yòu shūfu a.

第 10 课　您去过几次？

二、身在其中 IN THE SCENE

1 情景对话 1 Scene 1

◎（艾玛一家在高铁上，马丁要跟旁人换座位 Emma and her family are in the CRH. Martin is talking with a passenger about exchanging seats）

（1）看图片，听一遍对话一录音。听后回答下列问题
Look at the picture and listen to the recording. Then answer the following questions

① 马丁一家人车票的座位在一起吗？马丁想做什么？（Are the seats of the family together? What is Martin going to do?）
② 那位乘客说"反正我是一个人，坐哪儿都一样"，是什么意思？（What does the passenger mean with "Fǎnzhèng wǒ shì yí ge rén, zuò nǎr dōu yíyàng"？）

（2）根据对话一判断下面的说法是否正确
True or false: please judge if the following statements are correct according to Dialogue 1

① 马丁 的 座位 不 好，他 想 换 一 个。　☐
　　Mǎdīng de zuòwèi bù hǎo, tā xiǎng huàn yí ge.

② 那个 乘客 是一个 人 坐 车。　☐
　　Nà ge chéngkèn shì yí ge rén zuò chē.

211

③ 那 个　　乘客　　同意（to agree）换　　座位。
　 Nà ge　　chéngkèn tóngyì　　　　huàn zuòwèi.

（3）朗读对话一：注意发音和语气
　　 Please read Dialogue 1 aloud, and pay attention to the pronunciation and the tone

> 马丁：　　跟　　您　　商量　　个　事儿，行　不　行？
> Mǎdīng:　Gēn　nín　shāngliang ge　shìr,　xíng bu xíng?
>
> 乘客：　　什么　　事儿？
> Chéng kè:　Shénme　shìr?
>
> 马丁：　　能　不　能　跟　您　换　个　座位？　我们　几　个　是
> Mǎdīng:　Néng bu néng gēn nín huàn ge zuòwèi?　Wǒmen jǐ ge shì
>
> 　　　　　一起　的。
> 　　　　　yìqǐ　de.
>
> 乘客：　　行　啊。反正　我是一个人，　坐　哪儿　都　一样。
> Chéng kè:　Xíng a. Fǎnzhèng wǒ shì yí ge rén,　zuò nǎr dōu yíyàng.
>
> 马丁：　　多　谢　了。
> Mǎdīng:　Duō xiè le.

2　情景对话 2 Scene 2

◎（他们边欣赏风景边聊天儿 The family are chatting while admiring the view）

（1）请读下面的句子并排序，然后听录音，看看你做得对不对
　　 Please read and number the following sentences, then listen to the recording, and check if you are right

　　（　）去过。去过　好　多　次　呢。
　　　　 Qùguo. Qùguo hǎo duō cì ne.

　　（　）您　去　那儿　干　什么　呀？
　　　　 Nín qù nàr gàn shénme ya?

　　（　）爸爸，您　去过　天津　吗？
　　　　 Bàba, nín qùguo Tiānjīn ma?

（　）你 妈妈 在 天津 上 学，我 去 看 你 妈妈 呀。
　　　Nǐ māma zài Tiānjīn shàng xué, wǒ qù kàn nǐ māma ya.

（2）听第二遍录音，一边听一边跟说。然后请根据对话内容，完成下面的句子填空
Listen to the recording for the second time, aand try to repeat while listening. Then complete the following conversation according to Dialogue 2

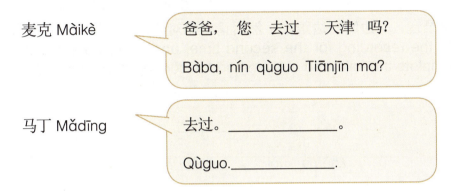

麦克 Màikè

爸爸，您 去过 天津 吗？
Bàba, nín qùguo Tiānjīn ma?

马丁 Mǎdīng

去过。_____。
Qùguo. _____.

（3）朗读对话二：注意发音和语气
Please read Dialogue 2 aloud, and pay attention to the pronunciation and the tone

麦克： 爸爸，您 去过 天津 吗？
Màikè: Bàba, nín qùguo Tiānjīn ma?

马丁： 去过。去过 好 多 次 呢。
Mǎdīng: Qùguo. Qùguo hǎo duō cì ne.

麦克： 您 去 那儿 干 什么 呀？
Màikè: Nín qù nàr gàn shénme ya?

马丁： 你 妈妈 在 天津 上 学，我 去 看 你 妈妈 呀。
Mǎdīng: Nǐ māma zài Tiānjīn shàng xué, wǒ qù kàn nǐ māma ya.

3 情景对话 3 Scene 3

◎ （他们继续聊天儿 The family go on chatting）

（1）听录音，以前到天津，坐火车要多长时间，在图片下边标出来
Listen to the recording, figure out how long it take by train from Beijing to Tianjin before, and mark the right answer

发现：交际汉语入门（上）

（ ）　　　　（ ）　　　　（ ）　　　　（ ）

（2）听第二遍录音，一边听一边跟说。然后请根据对话内容，完成下面的句子填空
Listen to the recording for the second time, and try to repeat while listening. Then complete the following conversation according to Dialogue 3

艾玛 Àimǎ: 这么 快。_____？
Zhème kuài._____?

马丁 Mǎdīng: 现在 有 高铁 了，_____。
Xiànzài yǒu gātiě le,_____.

（3）朗读对话三：注意发音和语气
Please read Dialogue 3 aloud, and pay attention to the pronunciation and the tone

艾玛： 马丁，到 天津 要 多 长 时间？
Àimǎ: Mǎdīng, dào Tiānjīn yào duō cháng shíjiān?

马丁： 半 个 小时 吧。
Mǎdīng: Bàn ge xiǎoshí ba.

艾玛： 这么 快。以前 得 一 个 半 小时 呢。
Àimǎ: Zhème kuài. Yǐqián děi yí ge bàn xiǎoshí ne.

马丁： 可 不 是。现在 有 高铁 了，真 是 又 快 又 舒服 啊。
Mǎdīng: Kě bú shì. Xiànzài yǒu gāotiě le, zhēn shì yòu kuài yòu shūfu a.

"呢"用于肯定句末，表示肯定或有夸张的语气。"ne 呢" is used at the end of the positive sentence to reinforce assertion or exaggeration.

三、发现语言现象 FINDING GRAMMAR POINTS

与同伴研究一下，下面的句子有什么特点。你还可以说出这样的句子吗？
Try to find language points in the following sentences with your partner. Could you figure out the meaning and function of the patterns by yourself? Can you make similar sentences with the points?

★ 副词"反正"：强调做某事的条件或理由。The adv. "fǎnzhèng" means "since; as", used before the Verb, the adj., and the subjects usually, to reinforce the condition or the reason.

A: 我们 该 回 家 了 吧?
　　Wǒmen gāi huí jiā le ba?

B: 反正 已经 出 来 了, 再 玩儿 一会儿 吧。
　　Fǎnzhèng yǐjīng chū lái le, zài wánr yíhuìr ba.

★ "谁/什么/哪儿/怎么……都……"：表示"都"后的结果不因条件而改变。The words "shuí /shénme /nǎr /zěnme" here are not question words, but denote everyone, everything, everywhere, and whatever. The pattern "shuí /shénme /nǎr /zěnme + V1 + dōu V2/adj." is used to emphasize the same result will happen, no matter who does, no matter what the condition is, no matter where it is, or no matter how it is.

A: 小 王 去 还是 小 李 去?
　　Xiǎo Wáng qù háishi Xiǎo Lǐ qù?

B: 谁 去 都 行。
　　Shuí qù dōu xíng.

A: 反 正 我 是 一 个 人, 坐 哪儿 都 一样。
　　fǎn zhèn wǒ shì yí gè rén, zuò na ér dōu yí yàn.

B: 多 谢 了。
　　duō xiè le.

看一看，在横线上填什么 Please fill in the blanks with the correct answer

① 你们＿＿＿＿来 都 行。
　　Nǐmen＿＿＿＿lái dōu xíng.

② 你 想 去＿＿＿＿我 都 去。
　　Nǐ xiǎng qù＿＿＿＿wǒ dōu qù.

③ _____ 都 不 知道 那个 人 是 谁。
　　_____ dōu bù zhīdào nà ge rén shì shuí.

★ "动词 + 过"表示过去的经历。The aspect particle "guo" denotes that some action took place in the past. It is used to emphasize experiences. The pattern is "S. V guo O".

A: 你 以前 来过 上海 吗?
　　Nǐ yǐqián láiguo Shànghǎi ma?

B: 来过。
　　Láiguo.

A: 来过 几次 上海?
　　Láiguo jǐ cì Shànghǎi?

B: 来过 两 三 次。
　　Láiguo liǎng sān cì.

★ 用"没"来构成否定句。The negative form is "S. + méi + V guo + O." The affirmative and negative question is: "S.+ V guo + O + méiyou?"

A: 你 去过 南京 没有?
　　Nǐ qùguo nánjīng méiyǒu?

B: 没 去过。
　　Méi qùguo.

想一想,从下面的句子能看出什么规律？"几次"都用在哪儿？What grammar rules can you find out from the following sentences? Can you figure out where the question word "jǐcì (how many times)" is used?

① A: 你 吃过 几次 烤鸭?
　　　Nǐ chīguo jǐ cì kǎoya?

　B: 吃过 好多 次。
　　　Chīguo hǎoduō cì.

② A: 你 见过 几次 小 王 的 女朋友?
　　　Nǐ jiànguo jǐ cì Xiǎo Wáng de nǚpéngyou?

　B: 只 见过 一 次。
　　　Zhǐ jiànguo yí cì.

③ A: 你见过他几次?
　　　Nǐ jiànguo tā jǐ cì?

　B: 见过很多次。
　　　Jiànguo hěn duō cì.

★ "S + 又 + 形容词1/ 动词 1 + 又 + 形容词2/ 动词 2":表示同时具有这些特性。
The structure "S yòu + adj.1/V1 + yòu + adj2./V2" means that two characteristics or situations are found at the same time.

小　妹妹　又　漂亮 (beautiful) 又　听　话。
Xiǎo mèimei yòu piàoliang yòu tīng huà.

又 累 又 饿，休息　一会儿　吧。
Yòu lèi yòu è, xiūxi yíhuìr ba.

下面的句子对不对？ Are the following sentences correct?

① 坐　高铁　又　快　又　贵 (expensive)。　　　　(　　　)
　 Zuò gāotiě yòu kuài yòu guì.

② 妹妹　又　聪明 (smart) 又 高。　　　　　　　(　　　)
　 Mèimei yòu cōngming yòu gāo.

想一想，还有什么问题？ Do you have other questions?

四、记忆、巩固和提升 MEMORIZE, CONSOLIDATE, AND UPGRADE

两人一组，先认读方框中的词语，然后互问互答
Pair work: please recognize the expressions in the box with your partner. One asks questions according to the parts underlined, and the other answers

1. A: 能　不　能　跟您换个座位?
　　　Néng bu néng gēn nín huàn ge zuòwèi?

　B: 没　问题。
　　　Méi wèntí.

用用你的手机 (cell-phone) yòngyong nǐ de shǒujī
看看你的报纸 (newspaper) kànkan nǐ de bàozhǐ

2. A: 坐 哪儿 啊?
   Zuò nǎr a?

   B: 坐 哪儿 都 一样。
   Zuò nǎr dōu yíyàng.

   去哪儿 qù nǎr　　堵 (blocked) dǔ
   吃什么 chī shénme　行 xíng
   问谁 wèn shuí　　不知道 (know) bù zhīdào

3. A: 坐 这儿 行 吗?
   Zuò zhèr xíng ma?

   B: 反正 我 是 一个 人，坐 哪儿 都 行。
   Fǎnzhèng wǒ shì yí ge rén, zuò nǎr dōu xíng.

   九点起床 jiǔdiǎn qǐ chuáng
   不复习 (to review) 了 bú fùxí le

   今天是星期天 jīntiān shì xīngqītiān　　几点起床 jǐ diǎn qǐ chuáng
   已经考完试了 yǐjīng kǎowán shì le　　复习不复习 fùxí bu fùxí

4. A: 您 去过 天津 吗?
   Nín qùguo Tiānjīn ma?

   B: 去过 好多 次 呢。
   Qùguo hǎoduō cì ne.

   去 qù　　西安 xī'ān
   看 kàn　　成龙 (Jackie Chan) 的电影 Chénglóng de diànyǐng
   吃 chī　　四川菜 Sìchuān cài

5. A: 去过 几次?
   Qùguo jǐ cì?

   B: 去过 好 多 次 呢。
   Qùguo hǎoduō cì ne.

   去 qù　　三次 sāncì
   看 kàn　　五次 wǔcì
   吃 chī　　好多次 hǎoduō cì

五、用汉语完成任务 TASKS IN CHINESE

（一）小组活动：谁是旅行家？ Group work: who is the best traveller?

1. 你知道中国哪些地方？请在表格的第一栏依次写下三个地名。
   What places in China do you heard about? Please write down three places of China you know in the first column of the following form.

2. 问问你的朋友，有没有去过你知道的这几个地方
   Ask your partner if he or she has been to the places that you write down

   （1）你 去过……吗?
   　　Nǐ qùguo ...ma?

第 10 课　您去过几次?

(2) 去过　几次?
　　Qùguo　jǐ　cì?

(3) 坐……要　用　多　长　时间?
　　Zuò...yào　yòng　duō　cháng　shíjiān?

(4) 你还　想　去哪儿?
　　Nǐ　hái　xiǎng　qù　nǎr?

问题 地方	你去过……吗?	你去过几次?	坐……要多长时间?	你还想去哪儿?
1.				
2.				
3.				

3. 请根据上面表格的内容，介绍一下你朋友的旅行经历
Please introduce your partner's travelling experience according to the information in the box above

_____去过　　　中国 / 北京　的_____、_____和_____。去过_____ _____次，
_____Qùguo　　Zhōngguó/Běijīng　de_____、_____hé_____. Qùguo_____ _____cì,

_____去过_____次。他 没 去过_____。 他 想 去_____。
_____qùguo_____cì. Tā méi qùguo_____. Tā xiǎng qù_____.

4. 请向全班报告你朋友的旅行经历，看看谁是班里最棒的旅行家
Tell the class about your partner's experience. Let's find who the best traveller is in class

(二) 小组活动：我是中国通 Group work: I am a Chinese Hand

1. 请想一想你在中国做过哪些事情，用"动词 + 过"介绍一下你在中国的经历，越多越好 Try to recall what you have done in China. Please introduce you experiences in China with the structure "Verb + 过", the more the better

2. 3~4 个人一组，每个人轮流说带有"过"的句子，看看谁说的句子最多，谁的经历最有意思。选出你们组经历最酷的同学，他就是你们组的"中国通" 3~4 students a team, say your experiences in China with "guo" by turns. Let's see who is able to say more sentences, and whose experience is the coolest. That student will be the Chinese Hand in your group

219

六、用语言做事 REAL LIFE ACTIVITIES

（一）语言准备 Language preparation

1. 听写并朗读这些句子 Dictation: please write down the sentences, read aloud and memorize them

    （1）_____。

    （2）_____。

    （3）_____。

    （4）_____。

    （5）_____。

2. 把下列词语组成合适的句子 Make appropriate sentences with the following words

    （1）你　跟　一　个　事儿　商量
    　　　nǐ　gēn　yí　ge　shìr　shāngliang

    _____。

    （2）我　吃　行　都　什么
    　　　wǒ　chī　xíng　dōu　shénme

    _____。

    （3）小红　　上海　过　次　三　去
    　　　Xiǎohóng　Shànghǎi　guo　cì　sān　qù

    _____。

    （4）飞机　坐　又　又　安全　快
    　　　fēijī　zuò　yòu　yòu　ānquán　kuài

    _____。

    （5）我　看　没　过　中国　京剧　的
    　　　wǒ　kàn　méi　guo　Zhōngguó　Jīngjù　de

    _____。

3. 完成对话 Please complete the following dialogues

(1) A: _____?（过）
　　　 _____?(guo)
　　B: 没 吃过。
　　　 Méi chīguo.

(2) A: _____?（几）
　　　 _____?(jǐ)
　　B: 玩儿 过 三 次。
　　　 Wánrguo sān cì.

(3) A: 早点儿 睡觉 好 不 好？
　　　 Zǎodiǎnr shuì jiào hǎo bu hǎo?
　　B: _____, 晚点儿 睡觉 没 关系。（反正）
　　　 _____, wǎndiǎnr shuì jiào méi guānxi. (fǎnzhèng)

(4) A: _____?（多 长）
　　　 _____?(duō cháng)
　　B: 要 五 个 小时。
　　　 Yào wǔ ge xiǎoshí.

(5) A: _____。（能 不 能）
　　　 _____.(néng bu néng)
　　B: 行 啊。
　　　 Xíng a.

（二）社会扩展活动：我的中国日记 Social activities: my Chinese diary

我在中国坐高铁 My Chinese Railway High-speed experience

　　除了你住的城市以外，你去过中国的其他城市吗？如果可能，请你选一个周末，去另一个城市看看 Have you been to other cities in China? If it is possible, go to another city by CRH (Chinese Railway High-speed) on weekend
　　请注意以下问题 Tips:
　　（1）你住的城市有几个火车站？有没有高铁车站？How many railway stations in the city where you live? Is there a particular station for CRH in your city?
　　（2）怎么能买到火车票？How can you get the railway tickets?
　　（3）上火车的时候需要出示什么？What should passengers show when getting on the train?
　　（4）如果坐高铁，你要买一等座还是二等座？If you take CRH, what ticket would you like to buy, first class or second class?

发现：交际汉语入门（上）

七、 词语库 WORDS AND EXPRESSIONS

（一）生词表 New words list

1.	商量	shāngliang	（动）	to consult, to discuss
2.	事儿	shìr	（名）	matter, business
3.	乘客	chéngkè	（名）	passenger
4.	座位	zuòwèi	（名）	seat
5.	一起	yīqǐ	（副）	together
6.	反正	fǎnzhèng	（副）	anyway, anyhow
7.	一样	yīyàng	（形）	the same
8.	过	guo	（助）	a particle used after a verb indicating that some actions or experiences have taken place
9.	多谢	duōxiè	（动）	thanks a lot
10.	干	gàn	（动）	to do, to work
11.	好多	hǎoduō	（数）	many
12.	呀	ya	（助）	a particle used at the end of a sentence to indicate urging, questioning, etc.
13.	上学	shàng xué		to go to school
14.	长	cháng	（形）	long
15.	小时	xiǎoshí	（名）	hour
16.	这么	zhème	（代）	so, such
17.	以前	yǐqián	（名）	before (a point of time)
18.	现在	xiànzài	（名）	now, nowadays, at present
19.	高铁	gāotiě	（名）	Chinese Railway Highspeed
20.	又……又……	yòu...yòu...		both…and…
21.	舒服	shūfu	（形）	comfortable

专有名词 Proper Nouns

天津	Tiānjīn	Tianjin, also known as Tientsin, a metropolis in North China, and one of the municipalities directly under the jurisdiction of the central government.

（二）相关链接 Related links

查查词典，看看它们是什么意思
Look up the dictionary and find the meanings of the following words

交通词汇 jiāotōng cíhuì transportation words	意思 yìsi meaning	交通词汇 jiāotōng cíhuì transportation words	意思 yìsi meaning
候车室 hòuchēshì		准时 zhǔnshí	
进站口 jìnzhànkǒu		晚点 wǎndiǎn	
出站口 chūzhànkǒu		候机厅 hòujītīng	
卧铺 wòpù		起飞 qǐfēi	
列车员 lièchēyuán		降落 jiàngluò	
检票 jiǎn piào		空姐 kōngjiě	

从相关链接中选出五个对你最有用的词，写一写 Please select five useful words in the *Related links* above, and write in the following blanks

1. _____ 2. _____ 3. _____ 4. _____ 5. _____

八、生活剪影 LIFE SKETCH

天津
Tiānjīn

天津 是 离 北京 最 近 的 一 个 大 城市。 高速 铁路开通
Tiānjīn shì lí Běijīng zuì jìn de yí ge dà chéngshì. Gāosù tiělù kāitōng
以后，天津 离 北京 更 近 了，只 需要 半 个 小时 左右 就 可以
yǐhòu, Tiānjīn lí Běijīng gèng jìn le, zhǐ xūyào bàn ge xiǎoshí zuǒyòu jiù kěyǐ

到达。这比很多北京人花在上班路上的时间还短。
dàodá. Zhè bǐ hěn duō Běijīng rén huāzài shàngbān lùshang de shíjiān hái duǎn.
你 不妨 周末 去 天津 玩儿玩儿。
Nǐ bùfáng zhōumò qù Tiānjīn wánr wanr.

六（一）1. "听写并朗读这些句子"答案 The answer of dictation

（1）跟您商量个事儿，行不行？
（2）您去过天津吗？
（3）去过好多次呢。
（4）这么快。真没想到。
（5）真是又快又舒服啊。

总词表

A

啊	a	(助)	6
爱	ài	(动)	4
八	bā	(数)	8
八宝粥	bābǎozhōu	(名)	4

B

吧	ba	(助)	1
爸爸	bàba	(名)	1
白	bái	(形)	8
百	bǎi	(数)	3
半	bàn	(数)	5
包子	bāozi	(名)	4
饱	bǎo	(形)	3
北(边)	běi(bian)	(名)	8
别	bié	(副)	7
宾馆	bīnguǎn	(名)	3
博物馆	bówùguǎn	(名)	7
不	bù	(副)	1
不错	búcuò	(形)	3
不用	búyòng	(副)	3

C

菜	cài	(名)	1
餐厅	cāntīng	(名)	5
层	céng	(量)	5
茶	chá	(名)	6
茶几	chájī	(名)	6
长	cháng	(形)	10
尝	cháng	(动)	2
乘客	chéngkè	(名)	10
吃	chī	(动)	1
充电器	chōngdiànqì	(名)	6
次	cì	(量)	9
错	cuò	(形)	9

D

打包	dǎ bāo		3
打开	dǎ kāi		6
担心	dān xīn		9
当然	dāngrán	(副)	2
到	dào	(动)	7
得	děi	(助动)	8
的	de	(助)	1
等	děng	(动)	3
地铁	dìtiě	(名)	9
点	diǎn	(动)	2
点	diǎn	(量)	5
电热壶	diànrèhú	(名)	6
电视	diànshì	(名)	6
电梯	diàntī	(名)	5

225

丢	diū	（动）	7
东（边）	dōng(bian)	（名）	7
都	dōu	（副）	2
豆浆	dòujiāng	（名）	4
豆沙	dòushā	（名）	4
对	duì	（形）	5
多	duō	（代）	9
多	duō	（形）	7
多少	duōshao	（代）	8
多谢	duōxiè	（动）	10

E

饿	è	（形）	2
儿子	érzi	（名）	6
耳机	ěrjī	（名）	6
二	èr	（数）	3

F

反	fǎn	（形）	9
反正	fǎnzhèng	（副）	10
饭馆儿	fànguǎnr	（名）	1
房间	fángjiān	（名）	5
分钟	fēnzhōng	（名）	9
丰富	fēngfù	（形）	4
服务台	fúwùtái	（名）	6
服务员	fúwùyuán	（名）	2
附近	fùjìn	（名）	9

G

干	gàn	（动）	10
高铁	gāotiě	（名）	10
告诉	gàosu	（动）	7
个	gè	（量）	1

给	gěi	（动）	3
跟	gēn	（动）	7
公共	gōnggòng	（形）	7
公园	gōngyuán	（名）	8
拐	guǎi	（动）	9
关	guān	（动）	8
光临	guānglín	（动）	5
广场	guǎngchǎng	（名）	7
过	guo	（助）	10

H

汉堡	hànbǎo	（名）	1
好	hǎo	（形）	1
好吃	hǎochī	（形）	2
好多	hǎoduō	（数）	10
号	hào	（量）	5
喝	hē	（动）	1
和	hé	（连）	5
黑色	hēisè	（名）	6
很	hěn	（副）	2
红茶	hóngchá	（名）	6
花茶	huāchá	（名）	6
欢迎	huānyíng	（动）	3
还	hái	（副）	6
还是	háishi	（连）	4
换	huàn	（动）	6
回	huí	（动）	3
会	huì	（助动）	9

J

鸡蛋	jīdàn	（名）	4
极了	jíle		4

几	jǐ	(数)	5	路	lù	(名)	7
煎	jiān	(动)	4	路口	lùkǒu	(名)	9
见	jiàn	(动)	5	路人	lùrén	(名)	9
叫	jiào	(动)	2	旅行包	lǚxíngbāo	(名)	6
街景	jiējǐng	(名)	7				
结账	jié zhàng		3			**M**	
今天	jīntiān	(名)	1	妈妈	māma	(名)	1
近	jìn	(形)	8	麻烦	máfan	(动)	7
九	jiǔ	(数)	5	吗	ma	(助)	1
就	jiù	(副)	8	嘛	ma	(助)	7
				买	mǎi	(动)	1
		K		麦片粥	màipiànzhōu	(名)	4
看	kàn	(动)	3	慢	màn	(形)	8
烤鸭	kǎoyā	(名)	1	没(有)	méi(yǒu)	(动)	4
可不是	kěbùshi	(副)	7	门	mén	(名)	8
可乐	kělè	(名)	1	米	mǐ	(量)	9
可是	kěshì	(连)	2	名字	míngzi	(名)	2
可以	kěyǐ	(助动)	7	明天	míngtiān	(名)	1
客气	kèqi	(形)	9				
块	kuài	(量)	3			**N**	
快	kuài	(形)	8	拿	ná	(动)	4
				哪	nǎ	(代)	1
		L		哪儿	nǎr	(代)	6
辣	là	(形)	2	那边	nàbiān	(代)	5
来	lái	(动)	2	那儿	nàr	(代)	4
累	lèi	(形)	3	南(边)	nán(bian)	(名)	8
离	lí	(动)	8	呢	ne	(助)	6
里边	lǐbian	(名)	4	能	néng	(助动)	8
两	liǎng	(数)	5	你	nǐ	(代)	1
了	le	(助)	3	你们	nǐmen	(代)	5
零(0)	líng	(数)	5	您	nín	(代)	2
六	liù	(数)	3	牛奶	niúnǎi	(名)	4

		O		
哦	ò		（叹）	8
		P		
旁边	pángbiān		（名）	6
漂亮	piàoliang		（形）	8
票	piào		（名）	7
		Q		
七	qī		（数）	5
汽车	qìchē		（名）	7
千万	qiānwàn		（副）	7
前边	qiánbian		（名）	8
钱	qián		（名）	3
瞧	qiáo		（动）	8
请	qǐng		（动）	3
请问	qǐngwèn		（动）	5
去	qù		（动）	1
		R		
热	rè		（形）	6
人	rén		（名）	4
		S		
三	sān		（数）	3
商量	shāngliang		（动）	10
上（边）	shàng (bian)		（名）	6
上（车）	shàng(chē)		（动）	8
上学	shàng xué			10
师傅	shīfu		（名）	8
十	shí		（数）	3
什么	shénme		（代）	1
时候	shíhou		（名）	7
时间	shíjiān		（名）	8

市	shì			7
事儿	shìr		（名）	10
是	shì		（动）	2
售票员	shòupiàoyuán		（名）	7
舒服	shūfu		（形）	10
水	shuǐ		（名）	1
水龙头	shuǐlóngtóu		（名）	6
死了	sǐle			2
四	sì		（数）	3
		T		
塔	tǎ		（名）	8
太	tài		（副）	2
太阳	tàiyáng		（名）	9
烫	tàng		（形）	4
天	tiān		（名）	5
甜	tián		（形）	4
停	tíng		（动）	8
拖鞋	tuōxié		（名）	6
		W		
完	wán		（动）	3
晚安	wǎn'ān		（动）	5
晚上	wǎnshang		（名）	1
碗	wǎn		（名）	4
往	wǎng		（介）	9
卫生间	wèishēngjiān		（名）	6
味道	wèidào		（名）	4
喂	wèi		（叹）	6
问	wèn		（动）	9
问题	wèntí		（名）	7
我	wǒ		（代）	1

我们	wǒmen	（代）	5	一下儿	yíxiàr		3
五	wǔ	（数）	9	一样	yīyàng	（形）	10

X

				一直	yīzhí	（副）	9
西（边）	xī(bian)	（名）	9	已经	yǐjīng	（副）	8
西餐	xīcān	（名）	4	以前	yǐqián	（名）	10
西兰花	xīlánhuā	（名）	2	应该	yīnggāi	（助动）	9
洗澡	xǐ zǎo		6	有	yǒu	（动）	4
喜欢	xǐhuan	（动）	1	又……又……	yòu...yòu...		10
下（车）	xià chē	（动）	7	远	yuǎn	（形）	8
先	xiān	（副）	9	钥匙	yàoshi	（名）	5
咸	xián	（形）	4				

Z

现在	xiànzài	（名）	10	再	zài	（副）	3
想	xiǎng	（助动/动）	1	再见	zàijiàn	（动）	3
小时	xiǎoshí	（名）	10	在	zài	（动/介）	4
小心	xiǎoxīn	（动/形）	4	糟糕	zāogāo	（形）	9
鞋	xié	（名）	6	早餐	zǎocān	（名）	4
谢谢	xièxie	（动）	3	早饭	zǎofàn	（名）	5
星期四	xīngqīsì	（名）	5	早上	zǎoshang	（名）	5
星期一	xīngqīyī	（名）	5	怎么	zěnme	（代）	7
行	xíng	（动）	9	怎么样	zěnmeyàng		2

Y

				站	zhàn	（名）	7
（一）点儿	(yī) diǎnr	（量）	2	张	zhāng	（量）	7
呀	ya	（助）	10	找	zhǎo	（动）	3
要	yào	（动）	2	这	zhè	（代）	2
要	yào	（助动）	1	这儿	zhèr	（代）	4
要……了	yào... le		8	这么	zhème	（代）	10
也	yě	（副）	2	真	zhēn	（副）	3
一	yī	（数）	2	只	zhī	（量）	2
一共	yígòng	（副）	3	中餐	zhōngcān	（名）	4
一起	yīqǐ	（副）	10	中心	zhōngxīn	（名）	7

229

住	zhù	（动）	5	坐	zuò	（动）	7
走	zǒu	（动）	5	座位	zuòwèi	（名）	10
最	zuì	（副）	2				